LA GASTRONOMÍA GIBRALTAREÑA

Puede que Gibraltar sea pequeño, pero su cultura única y diversa no sólo se refleja en su gente, su arquitectura y su historia. La amplia y heterogénea sociedad gibraltareña se manifiesta también en la gastronomía local.

La armoniosa sociedad gibraltareña ha inspirado una cocina ecléctica, descrita con frecuencia como un melting pot, dado el crisol de culturas que ha integrado su comunidad durante siglos. A finales de los siglos XVII y XVIII, los comerciantes provenientes de Malta, Italia y del norte de África, entre otros, llevaron sus productos a la ya establecida fortaleza británica. La población acogió además a inmigrantes de origen español y portugués, lo que se refleja en el recetario gibraltareño, que en muchos casos tiene sus raíces en las regiones colindantes.

A las afueras de la ciudad, en el extremo oriental del Peñón se sitúa La Caleta. Ésta tiene su origen en un pueblo pesquero genovés cuyos primeros habitantes eran famosos por ser pelirrojos. Puesto que el mar es una parte fundamental de su historia, el pescado es un ingrediente básico de la cocina gibraltareña.

En septiembre, se celebra la procesión de Nuestra Señora de los Dolores, la patrona de La Caleta, en la que se lleva la imagen al mar, donde el Obispo de Gibraltar bendice las aguas para que el año siguiente traiga salud.

A lo largo de su historia, Gibraltar sufrió asedios, el cierre de la frontera y la falta de productos frescos, por lo que muchas recetas fueron adaptadas en función de los ingredientes disponibles. En esos tiempos, muchas familias modificaron las recetas en función de las circunstancias y como no sabían escribir, muchas recetas se transmitieron oralmente de generación en generación, tal y como sigue ocurriendo a día de hoy. Por esto mismo, muchas recetas varían de una familia a otra, pero siguen compartiendo la misma esencia.

«En un principio, cuando se me ocurrió crear el recetario de Mama Lotties, lo imaginé como una pequeña web o un libro en el que conservar las recetas que me gustaban». No imaginaba que la idea se convertiría en lo que es hoy.

Mama Lotties se ideó como una manera de compartir recetas gibraltareñas. Cuando fui a estudiar al Reino Unido y viví por primera vez lejos de Gibraltar, con frecuencia sentía nostalgia. Una de las maneras de evitarlo era cocinando los platos que más disfrutaba en casa.

A medida que la idea se fue desarrollando y fue creciendo el interés, me entusiasmó que las recetas que los gibraltareños habían disfrutado durante generaciones pudieran compartirse con todo el mundo, particularmente con los que viven en el extranjero.

Espero que todos puedan disfrutar las recetas con las que me crie, las que siguen transportándome a mi hogar con sólo probarlas u olerlas».

Justin Bautista

¡MUCHAS GRACIAS!

Me gustaría dar las gracias a todos los que han participado en este libro. Cada una de las personas que compartió una receta, visitó la web, escribió algún comentario o mostró su apoyo durante todo el proyecto de Mama Lotties ha aportado su granito de arena para escribir este libro.

En estas páginas encontrará una selección de recetas escritas, compartidas y disfrutadas por los gibraltareños, transmitidas de generación en generación. Con este libro, espero que siga siendo así, de modo que todos puedan disfrutar las deliciosas recetas que nuestra pequeña pero rica cultura ofrece.

Mama Lotties
— x x —

ÍNDICE

CALENTITA DE MAMA LOTTIES
EL PLATO GIBRALTAREÑO POR EXCELENCIA

INGREDIENTES

- 240 G DE HARINA DE GARBANZOS
- 850 ML DE AGUA
- 350 ML DE ACEITE DE OLIVA
- SAL
- PIMIENTA

El nombre del plato, que se ha convertido en el plato nacional de Gibraltar, se deriva de la palabra española caliente. La calentita se inspira del plato similar de origen italiano, la farinata, en genovés la fainâ, que se vendía en las calles de Gibraltar al grito de «¡la llevo calentita!». Con el tiempo, el nombre vino a designar el plato y se perdió la referencia a la temperatura.

ELABORACIÓN

1. Se mezclan en un cuenco la harina de garbanzos, el agua, la sal y la pimienta. Se deja reposar toda la noche o por lo menos 2 – 3 horas antes de cocinarlo.

2. Se precalienta el horno a 225°C.

3. Se cubre el fondo de la bandeja de horno con aceite.

4. Se coloca en el horno para calentar el aceite. Cuando está caliente, se extiende con una brocha por toda la bandeja. Se remueve la mezcla y se vierte en la bandeja.

5. Se mete el horno y se cocina durante una hora.

CHORICITOS DULCES DE MAMA LOTTIES

INGREDIENTES

- RISTRA DE CHORIZO
- MIEL

Una receta para disfrutar con o sin compañía.

ELABORACIÓN

1. Las cantidades pueden variar según el número de comensales. En este caso hemos utilizado 1/4 de una ristra de chorizo de 255 g.

2. Se corta el chorizo en lonchas gruesas y se colocan en una sartén profunda a fuego lento. Se deja freír lentamente para que se vaya disolviendo la grasa y desprenda su jugo y su sabor. Después de un minuto se da la vuelta a cada rodaja para freír el otro lado.

Ha llegado el momento de añadir el ingrediente especial...

3. Cuando el chorizo empiece a dorarse y vaya quedando crujiente, se añade una cucharadita de miel. Se remueve con una cuchara de madera y se mezclan todos los ingredientes. Se remueve a fuego lento durante algunos segundos para mezclar los sabores y el jugo con la miel, sin dejar que se queme.

BOQUERONES RELLENOS DE MAMA LOTTIES

INGREDIENTES

- 500 G DE BOQUERONES
- 4 CUCHARADAS DE QUESO RALLADO
- 2 CUCHARADAS DE PAN RALLADO
- 1 DIENTE DE AJO
- PEREJIL
- SAL
- 2 HUEVOS
- HARINA

Un entrante simplemente maravilloso, los boquerones se fríen con el delicioso relleno de Mama Lotties. Ideal como entrante para compartir en familia los días de pesca o como aperitivo... si es que queda alguno.

ELABORACIÓN

1. Se limpian los boquerones, se les quita la espina y se abren.

2. En un cuenco, se echan los 2 huevos; se añade la sal, el ajo picado, el perejil y el queso rallado y se mezclan todos los ingredientes.

3. Se añade el pan rallado y se mezcla hasta conseguir una masa homogénea. *(Si la mezcla es demasiado líquida, se añade más pan rallado.)*

4. Se colocan los boquerones con el interior hacia arriba y se rellena cada boquerón con un poco de la masa.

5. Cuando estén todos listos, se pasan por harina y se fríen.

BOCADITOS DE POLLO Y BEICON

4 RACIONES

INGREDIENTES

- 4 PECHUGAS DE POLLO
- 4 LONCHAS DE BEICON
- MOSTAZA GRUESA
- MIEL
- LIMÓN
- SAL
- PIMIENTA

ELABORACIÓN

1. Se cortan las 4 pechugas en lonchas de unos 7 cm y se salpimientan.

2. Se envuelven las lonchas de pollo con el beicon.

3. Se mezclan dos cucharaditas de mostaza gruesa y 3 cucharadas de miel con el zumo de medio limón.

4. Se colocan los bocaditos de pollo en una bandeja de horno y se untan con la salsa de miel.

5. Se hornean durante aproximadamente 20 minutos o hasta que se doren.

Se comprueba que el pollo está bien cocinado

RECETA DE ANA MARÍA MORRO

ENSALADA PICANTE DE QUESO FETA, ESPINACAS Y TOMATE DE MAMA LOTTIES

2 RACIONES

INGREDIENTES

- 1 PIMIENTO ROJO
- 400 G DE TOMATES PICADOS
- MEDIA CEBOLLA
- 4 TORTILLAS DE HARINA
- QUESO FETA
- ESPINACAS FRESCAS
- SAL Y PIMIENTA
- SALSA PICANTE

ELABORACIÓN

1. Se pican la cebolla y el pimiento rojo y se sofríen hasta que estén pochados. Después, se añade el tomate troceado y se salpimienta. Se añaden unas gotas de salsa picante para darle fuerza.

2. Se cortan las tortillas en cuartos y se tuestan o se doran al horno.

3. Una vez listas, se colocan en el plato y se añaden, por este orden: las espinacas, la mezcla de tomate y el queso feta (la cantidad que se desee).

4. Es una receta rápida y fácil, que se sirve fría o caliente.

TORTA DE ACELGA DE MAMA LOTTIES*

INGREDIENTES

- 350 G DE ESPINACAS
- 300 G DE QUESO EDAM
- 30 G DE PAN RALLADO
- 3 DIENTES DE AJO
- SAL
- PIMIENTA
- 4 HUEVOS
- 500 G DE MASA DE HOJALDRE

SUGERENCIA

Aunque la receta tradicional se elabora con queso edam, también se puede usar queso cheddar, pero debe tenerse en cuenta que modificará ligeramente el sabor, aunque seguirá estando delicioso.

Uno de mis platos gibraltareños favoritos, sin duda un plato contundente. Siempre me ha gustado usar masa de hojaldre y lo sigo haciendo, aunque muchos prefieren utilizar masa quebrada. Aunque se puede preparar y servir durante todo el año, suele venderse y consumirse en Navidades y Pascua. Se sirve a temperatura ambiente como aperitivo en estas celebraciones.

ELABORACIÓN

1. Se precalienta el horno a 200°C.

2. Se lavan y se cortan las espinacas muy finas. Se colocan en un cuenco con sal y se cubren de agua hirviendo. Se reservan.

3. Se pica el ajo bien fino, se escurren bien las espinacas hasta que no quede nada de agua, y se mezclan con el ajo, el pan rallado, los dos huevos y el queso edam rallado.

4. Se coloca la mitad de la masa en una bandeja de horno pequeña o mediana.

5. Sobre la masa, se añaden las espinacas y se incorpora un huevo en el medio. Se cubre con el resto de la masa y se extiende un huevo batido con una brocha. Se cuece en el horno, precalentado a 200°C para 30 minutos.

*CURIOSIDAD

Aunque la acelga se traduce en inglés como chard, en Gibraltar, la torta se denomina «torta de espinacas» y se suele elaborar con este ingrediente. Se puede elaborar tanto con acelgas como con espinacas, aunque el sabor varía ligeramente.

TORTA DE ACELGA SIN MASA

4 RACIONES

INGREDIENTES

- 400 G DE ESPINACAS CONGELADAS
- 30 G DE PAN RALLADO
- 1 HUEVO
- 1 CUACHARADA DE QUESO RALLADO
- 2 DIENTES DE AJO
- SAL

Para los que prefieren prescindir de la masa, siempre queda la opción de no incluirla en la receta.

ELABORACIÓN

1. Primero se descongelan las espinacas y se escurren hasta que suelten toda el agua. Se cortan más finas y se mezclan con el pan rallado, el queso, el ajo, el huevo y la sal.

2. Se untan con aceite los bordes de un molde y se incorpora la mezcla. Se hornea a 175°C hasta que la masa adquiera una consistencia firme.

3. Se deja en el horno 10 minutos, se saca y se cubre la parte superior con un plato. Se gira el molde sobre el plato y se vuelve a colocar en la bandeja del horno. Se vuelve a meter en el horno y se cocina durante diez minutos más.

RECETA DE ROSEMARIE MAÑASCO

REVUELTO DE POLLO DE MAMA LOTTIES

1 RACIÓN

INGREDIENTES

- 1 PECHUGA DE POLLO
- 1/2 CEBOLLA
- 1 PIMIENTO
- SALSA PICANTE
- ESPINACAS
- ACEITE
- 3 HUEVOS
- PEREJIL
- SAL

ELABORACIÓN

1. Se trocea la pechuga de pollo y se fríe con un poquito de aceite para dorarla.

2. Se pican la cebolla y el pimiento bien finos y se mezclan con el pollo y con un puñado de espinacas. Se añade un poco de salsa picante y se remueve.

3. Mientras se cocina, revolviendo de vez en cuando, se baten en un cuenco 3 huevos con un tenedor y se incorpora un poco de perejil. Se salpimienta.

4. Una vez que el pollo y el resto de los ingredientes de la mezcla estén listos, se incorporan los huevos y se revuelve hasta que estén listos.

ALMEJAS A LA MARINERA DE MARUCHI

4 RACIONES

INGREDIENTES

- 1 KG DE ALMEJAS FRESCAS
- 1 CEBOLLA
- 4 DIENTES DE AJO
- 1 MANOJO DE PEREJIL
- 1 CUCHARADA DE HARINA
- 1 VASO DE VINO BLANCO SECO
- 3 CUCHARADAS DE ACEITE DE OLIVA
- SAL
- 2 CUCHARADITAS DE PIMENTÓN PICANTE

ELABORACIÓN

1. Se calienta una cucharada de aceite en una sartén a fuego medio-bajo. Se incorpora la cebolla picada y se sofríe hasta que se ponga transparente.

2. Se pican los dientes de ajo y se incorporan. Se remueve durante un minuto.

3. Se añaden la harina y el pimentón y se remueve con una cuchara de madera durante treinta segundos.

4. Se incorporan el vino, la sal, el perejil y las almejas. Se cubre la sartén durante unos minutos y se comprueba de vez en cuando.

5. Las almejas estarán listas cuando se abran. Se retira la sartén del fuego y se sirven con pan crujiente.

RECETA DE MARUCHI GOLT

SUGERENCIA

Hay que dejar las almejas en remojo varias horas para limpiarlas de arena

ALMEJAS AL AJILLO DE MAMA LOTTIES

4 RACIONES

INGREDIENTES

- ACEITE
- 500 G DE ALMEJAS FRESCAS
- 2 DIENTES DE AJO
- PEREJIL
- 1 CHORRITO DE VINO BLANCO
- SAL

La simplicidad en su máxima expresión. Esta receta sin complicaciones es una de las más gratificantes. El vino blanco, unido al intenso sabor del ajo subraya el estupendo sabor de las almejas.

ELABORACIÓN

(Hay que poner en remojo las almejas varias horas antes para asegurarse de que expulsen toda la arena)

1. Se calienta una cucharada de aceite en una sartén.

2. Se pica el ajo y se sofríe hasta que se dore.

3. Se añaden las almejas y el perejil y se cubre la sartén.

4. Cuando empiecen a abrirse las almejas, se echa un chorrito de vino blanco y se remueve.

5. Se deja en el fuego un par de minutos más.

CALABACINES RELLENOS DE MAMA LOTTIES

2 RACIONES

INGREDIENTES

- 3 CALABACINES MEDIANOS
- 40 G DE QUESO RALLADO
- 2 HUEVOS
- 30 G DE PAN RALLADO
- 1 CUCHARADA DE PEREJIL PICADO
- 2 DIENTES DE AJO
- SAL
- PIMIENTA
- HARINA

Una receta gibraltareña imprescindible en todas las cenas con invitados, este plato suave y delicado es excelente como entrante o como plato para una cena estilo buffet.

ELABORACIÓN

1. Se hierven los calabacines, a los que previamente se les han cortado los extremos, en agua salada hasta que estén tiernos. Cuando estén tiernos, se sacan de la olla y se cortan por la mitad (a lo largo). Se vacían los calabacines y se coloca la pulpa en un colador, presionando para eliminar el exceso de agua.

2. Se reservan los calabacines vaciados.

3. En un cuenco, se mezcla la pulpa de los calabacines con el queso, el huevo, el perejil, el ajo picado, la sal y la pimienta; luego se incorpora el pan rallado hasta conseguir una mezcla un poco más espesa.

4. Se rellenan los calabacines con la mezcla de manera uniforme y se rebozan en harina, asegurándose de que se cubren por completo.

5. Se fríen en aceite hasta que se doren ligeramente y se colocan sobre papel de cocina para eliminar el exceso de aceite.

SOPA DE VERDURAS DE MAMA LOTTIES

INGREDIENTES

- 1 BERENJENA
- 4 ZANAHORIAS
- 1 REPOLLO PEQUEÑO
- 1 COLIFLOR PEQUEÑA
- 2 TALLOS DE APIO
- SAL
- PIMIENTA NEGRA

Una sopa maravillosa, suave y reconfortante, con un toque de pimienta. Si se siente bajo de moral y necesita un poco de consuelo, dele una oportunidad a la sopa de Mama Lotties. Seguro que se sentirá mejor enseguida.

ELABORACIÓN

1. Se trocean todas las verduras y se cortan los tallos de apio por la mitad.

2. Se cocinan todos los ingredientes en una cacerola grande y se sazonan. Se cubre parcialmente la cacerola y se remueve de vez en cuando hasta que las verduras estén tiernas. Si es necesario, se añade un poco de agua.

3. Cuando las verduras estén tiernas, se retiran los tallos de apio y se tritura el resto de verduras con una batidora de mano.

4. Se coloca los tallos de apio en la sopa y se sirve.

SOPA DE GUISANTES AMARILLOS CON LACÓN DE MAMA LOTTIES

4 RACIONES

INGREDIENTES

- 500 G DE GUISANTES AMARILLOS PARTIDOS
- 3-4 ZANAHORIAS
- 1 CEBOLLA
- HIERBABUENA
- 2 TOMATES FRESCOS
- 500 G DE LACÓN
- 1 PATATA GRANDE

Se trata de una sopa reconfortante, contundente y sabrosa. Un plato perfecto para las frías noches de invierno o para calentar el alma. Se me hace la boca agua solo de pensar en ello.

ELABORACIÓN

(Se dejan los guisantes partidos en remojo toda la noche y se escurren antes de usarlos)

1. Se incorporan en una olla los siguientes ingredientes:

   - Los tomates pelados y cortados por la mitad.
   - La cebolla, cortada por la mitad.
   - Las zanahorias, peladas y cortadas.
   - El lacón.
   - La patata pelada y cortada.
   - La hierbabuena

2. Se hierve hasta que el lacón esté tierno. Cuando esté listo, se retira el lacón y se trituran todas las verduras en la cacerola.

3. A continuación, se incorpora de nuevo el lacón a la olla con las verduras trituradas.

CALAMARES FRITOS DE MAMA LOTTIES

INGREDIENTES

- 3 O 4 CALAMARES FRESCOS O 1 KG DE AROS DE CALAMAR
- ACEITE DE OLIVA
- HARINA
- SAL
- LIMÓN
- LECHE

CONSEJO

La leche se utiliza para evitar que salte el aceite al colocar los aros de calamar en la sartén.

Este plato se encuentra si no en todas, en casi todos las cartas en Gibraltar. Los calamares están deliciosos con un simple chorrito de limón o con un poco de alioli. Suaves y esponjosos, este es sin duda uno de mis platos imprescindibles.

ELABORACIÓN

Esta receta rápida y sencilla es uno de los platos que más gustan.

1. Se limpian bien los calamares *(se lavan y se retira la tinta, la pluma y las tripas)*.

2. Se cortan en aros, se salan y se reservan en un plato cubiertos con leche.

3. Se prepara un plato grande con harina y se calienta aceite en una sartén. Mientras se calienta el aceite a fuego medio, se pasan los aros, uno por uno, por la harina hasta que queden bien rebozados y se incorporan a la sartén.

4. Se fríen hasta que se doren. Se sirven con una raja de limón para rociarlos con el zumo.

GAMBAS AL PIL PIL DE MAMA LOTTIES

INGREDIENTES

- 1 KG DE GAMBAS O LANGOSTINOS CRUDOS

- 100 ML DE ACEITE DE OLIVA

- 3 DIENTES DE AJO

- AZAFRÁN Y COLORANTE DE PAELLA

- SAL

- 3 GUINDILLAS SECAS PEQUEÑAS

- VINO BLANCO SECO

Las gambas son enormemente populares en Gibraltar y como son tan sabrosas, se pueden cocinar de muchas formas diferentes. Uno de los platos tradicionales son las gambas al pil pil, una receta picante con ajo que se sirve en una fuente de barro.

ELABORACIÓN

1. Se pelan las gambas, se salan y se reservan.

2. Se calienta aceite en una sartén y se sofríen las guindillas y el ajo. Se añaden las gambas y se cocinan a fuego medio.

3. Se echa un chorro de vino blanco para dar sabor.

4. Las gambas están listas cuando cambian de color y se rizan. En ese momento, se añaden el azafrán y el colorante y se deja en el fuego un poquito más, sin dejar que se reduzca la salsa. *(Cuidado de no cocinarlas demasiado porque se quedan duras)*

5. Se sirven en una fuente y se acompañan de pan crujiente.

GAMBAS A LA GABARDINA

2 RACIONES

INGREDIENTES

- 500 G DE GAMBAS
- 1 HUEVO
- 80 ML DE AGUA
- 1/2 CUCHARADITA DE SAL DE AJO
- 1/4 CUCHARADITA DE LEVADURA EN POLVO
- 65 G DE HARINA CON LEVADURA
- ACEITE

ELABORACIÓN

1. Se pelan, se limpian y se desvenan las gambas. Se clava cada una en un palillo y se reservan. En un cuenco, se baten el huevo y el agua y se incorporan la sal de ajo y la levadura en polvo. Se añade la harina y se bate hasta conseguir una mezcla consistente. Se deja reposar durante una hora antes de utilizarla.

2. Se sumergen las gambas con el palillo en la mezcla y se fríen hasta que se doren. A continuación, se dejan sobre una servilleta de cocina para escurrir el exceso de aceite.

(Personalmente me gusta echarles un chorrito de zumo de limón)

RECETA DE ROSEMARIE MAÑASCO

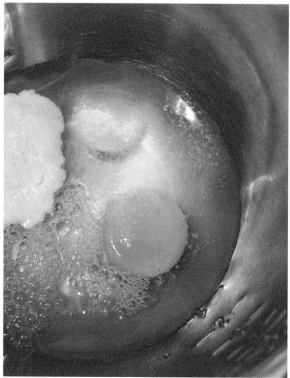

PLATOS PRINCIPALES
AVES

PINCHITOS DE POLLO Y CHORIZO DE MAMA LOTTIES

INGREDIENTES

- 4 CHORIZOS PEQUEÑOS
- 1 PECHUGA DE POLLO
- PIMIENTO ROJO
- 1 TOMATE GRANDE
- 1 PUÑADO DE ARROZ
  (POR PERSONA)
- 1 CEBOLLETA
- ESPINACAS FRESCAS
- SAL
- PIMIENTA

Allí donde haya una barbacoa, casi seguro que habrá pinchitos. Jugosos, tiernos y muy sabrosos, pueden cocinarse dentro de casa, en el horno o grill, o en la barbacoa de carbón mientras se disfruta del buen tiempo estival. Suena bien, ¿verdad?

ELABORACIÓN

1. En una cacerola grande, se hierve el arroz.

2. Se cortan la pechuga de pollo y los pimientos en trozos grandes.

3. Se salpimienta el pollo y se empiezan a preparar los pinchos. Se van ensartando los trozos de chorizo, pollo y pimiento hasta llenar los pinchos y se reservan.

4. Se vacía el tomate, dejando únicamente la piel y una fina capa de pulpa.

5. Se reserva la pulpa extraída del tomate. Se coloca el tomate vacío junto a los pinchos en una fuente o bandeja de horno y se hornea hasta que el pollo esté hecho y deje de tener un color rosado.

6. Una vez listo el arroz, se escurre y se mezcla con la pulpa del tomate. Se rehoga en la cacerola con sal y pimienta y se usa para rellenar el tomate asado.

7. Se pica la cebolleta en trozos pequeños y se usa como guarnición. Se lava un puñado de espinacas frescas y se coloca en el plato. El pollo ya debería estar hecho o casi listo.

POLLO AL AJILLO DE MAMA LOTTIES

INGREDIENTES

- 500 G DE MUSLOS DE POLLO O 2 PECHUGAS DE POLLO TROCEADAS

- 6 DIENTES DE AJO

- ROMERO FRESCO / SECO

- TOMILLO FRESCO / SECO

- SAL

- PIMIENTA NEGRA

- ACEITE DE OLIVA

- 1 CHORRITO DE VINO BLANCO

ELABORACIÓN

1. Se empieza por limpiar bien los muslos o las pechugas de pollo, salpimentándolos abundantemente.

2. En una sartén grande, se calienta un chorro generoso de aceite y se colocan los muslos o la pechuga de pollo troceada y salpimentada. Se fríe el pollo hasta que adquiera un dorado homogéneo.

3. Se aplastan los dientes de ajo enteros y se añaden a la sartén junto con el romero y el tomillo. Se mezcla y se sigue rehogando hasta que el pollo esté hecho por dentro y bien dorado por fuera.

4. Se añade un chorrito de vino blanco y se remueve para que se mezclen todos los sabores. Se deja que el vino se reduzca y se sirve.

POLLO EMPANADO DE MAMA LOTTIES

INGREDIENTES

- 2 PECHUGAS DE POLLO GRANDES
- 2 DIENTES DE AJO
- PEREJIL FRESCO
- SAL
- PIMIENTA NEGRA
- HARINA
- 2 - 4 HUEVOS
- PAN RALLADO
- ACEITE DE OLIVA O DE GIRASOL

Sin lugar a dudas, uno de los platos gibraltareños más famosos. Muy sencillo de elaborar y delicioso en bocadillo, con patatas fritas, puré de patatas o solo, como tapa.

ELABORACIÓN

1. Se preparan tres platos diferentes, uno con harina, otro con pan rallado (empezar con medio paquete e ir añadiendo conforme sea necesario) y, en el último, se cascan dos huevos y se baten. Se añaden el perejil fresco y el ajo bien picados al huevo batido y se salpimienta.

2. Se lavan las pechugas de pollo y se cortan en finas lonchas.

3. Una vez fileteadas, comienza la diversión ¡aunque también el lío! Uno a uno, se pasan los filetes por huevo, harina, de nuevo por huevo y, por último, por pan rallado. Se continúa el proceso hasta empanar todos los filetes de pollo.

4. Se vierte una cantidad generosa de aceite en una sartén y se fríe el pollo, dándole la vuelta de vez en cuando hasta que ambos lados queden dorados.

ARROZ CON POLLO

INGREDIENTES

- 200 G DE PECHUGA DE POLLO

- 2 DIENTES DE AJO

- 2-3 TOMATES

- 2 PIMIENTOS

- ARROZ
  (UN PUÑADO POR PERSONA)

- AZAFRÁN

- ½ LIMÓN

- 1 HOJA DE LAUREL

- SAL

Tal y como reflejan numerosos platos gibraltareños, nuestra gastronomía actual está inspirada en diversas culturas, sobre todo, en la de nuestros vecinos al otro lado de la frontera. El arroz con pollo es un plato perfecto para los que no les gusta el pescado o para los que quieran probar algo diferente.

ELABORACIÓN

1. Se hierve agua y se reserva.

2. Se cortan el ajo, los tomates y los pimientos en trocitos pequeños y se sofríen en aceite de oliva.

3. Una vez hecho esto y cuando las verduras estén blandas, se añaden los trozos de pollo y se rehogan. Cuando el pollo esté hecho, se vierte el agua hervida en la olla hasta la mitad y se añade la hoja de laurel, la sal, el azafrán y un puñado de arroz por persona. Se remueven los ingredientes y se cuecen a fuego lento hasta que se reduzca el agua.

4. Se remueve de vez en cuando para que el arroz no se pegue. Si el agua se ha evaporado y el arroz aún no está hecho, se puede añadir más agua.

5. Una vez listo, se sirve con un limón o se adereza con un poco de su zumo.

RECETA DE LORRAINE LAGUEA

POLLO EN TOMATE

INGREDIENTES

- 3 PECHUGAS DE POLLO, CORTADAS POR LA MITAD

- 600 G DE TOMATE FRITO

- 1 PIMIENTO VERDE

- 1 HOJA DE LAUREL

- 2 ZANAHORIAS CORTADAS

- 1 PATATA MEDIANA A DADOS

- 2 DIENTES DE AJO

- 1 CEBOLLA PICADA

- ½ VASO DE VINO BLANCO

- UNA PIZCA DE PIMENTÓN PICANTE

ELABORACIÓN

1. Se calienta un poco de aceite en una sartén y se marcan las pechugas de pollo. Una vez marcadas, se colocan en una olla a presión.

2. En el mismo aceite utilizado para las pechugas de pollo, se sofríen la cebolla, el ajo, las zanahorias, las patatas y el pimiento verde. Cuando la cebolla adquiera un color dorado, se incorporan el vino, los tomates y la hoja de laurel. Se remueve y se vierte en la olla a presión o cacerola, se añade una pizca de pimienta de cayena y se salpimienta al gusto. Se cubre con agua. Se deja al fuego entre 20 y 25 minutos en la olla a presión o parcialmente tapado en la cacerola hasta que el pollo esté tierno, añadiendo agua conforme sea necesario.

3. Se cuecen los macarrones y se utilizan como cama para las pechugas de pollo y la salsa de tomate.

RECETA DE ROSEMARIE MAÑASCO

FAJITAS DE POLLO DE MAMA LOTTIES

2 RACIONES

INGREDIENTES

- 6-8 TORTILLAS DE HARINA
- 2 PECHUGAS DE POLLO
- ½ CEBOLLA
- ½ PIMIENTO ROJO
- ½ PIMIENTO VERDE
- ½ PIMIENTO AMARILLO
- 400 G DE JUDÍAS PINTAS
- ACEITE DE OLIVA
- MEZCLA DE ESPECIAS PARA FAJITAS
- 400 G DE TOMATES TROCEADOS O 3 - 4 TOMATES ENTEROS
- GUINDILLAS
- QUESO
- ZUMO DE LIMÓN
- HOJAS DE LECHUGA

SUGERENCIA

Regar con un poco de zumo de limón y mezclar si se prefiere un toque ligeramente ácido.

ELABORACIÓN

1. Se coge una sartén de parrilla o normal y se calienta a fuego medio / alto.

2. Se cortan los filetes de pollo en tiras finas. Se hace lo mismo con los pimientos. No olvide cortarlos por la mitad y quitarles las simientes. Se incorporan las cebollas y se vierte todo en un cuenco grande.

3. Una vez los ingredientes estén en el cuenco, se añade la mezcla de especias y se remueve.

4. A continuación, se vuelve a colocar todo en la parrilla o la sartén y se riega con un poco de aceite de oliva. Se remueve de vez en cuando para que no se queme o se pegue a la sartén. Es importante asegurarse de que todos los ingredientes estén bien cocinados y de que el pollo no quede crudo.

5. Una vez listo el pollo, se escurre y se añaden las judías pintas, se reduce el fuego y se deja reposar un poco.

6. Se calientan las tortillas de harina en el microondas durante 30 segundos para que se ablanden, se ralla un poco de queso y se coloca todo en platos individuales y cuencos para que todos los comensales puedan disfrutar preparándose sus propias fajitas a su gusto.

7. También se pueden cortar algunas hojas de lechuga y servir junto con el queso.

8. Hacer salsa casera para las fajitas es muy sencillo: se pican algunos tomates y chiles y se mezclan bien con un poco de cilantro.

POLLO CON ARROZ AL VINO BLANCO Y AZAFRÁN DE MAMA LOTTIES

INGREDIENTES

- 3 MUSLOS DE POLLO
- 1 CEBOLLA
- 1 DIENTE DE AJO
- ARROZ
  (UN PUÑADO POR PERSONA)
- ½ VASO DE VINO BLANCO
- ALBAHACA
- AZAFRÁN

El azafrán y el vino blanco combinan a la perfección con las verduras. El resultado: un pollo jugoso, con mucho sabor y tremendamente tierno.

ELABORACIÓN

1. Se cortan el ajo y la cebolla y se sofríen en una cacerola grande con un poco de aceite o mantequilla. Se remueve de vez en cuando para que no se queme. Entretanto, se pone a hervir una buena cantidad de agua. Cuando hierva y la cebolla y el ajo estén dorados, se añaden los muslos de pollo a la cacerola, se cubren con agua y se sala.

2. Se incorpora el resto de ingredientes, a excepción del arroz

3. Se deja cocer parcialmente tapado durante 30 – 45 minutos, removiendo de vez en cuando. Es importante comprobar que el pollo esté bien hecho y no tenga un tono rosado por dentro.

4. Se cuece un poco de arroz y se sirve

POLLO CREMOSO CON CHAMPIÑONES Y PANCETA DE MAMA LOTTIES

1 RACIÓN

INGREDIENTES

- 300 G DE PATAS FRESCAS
- PEREJIL
- ACEITE DE OLIVA
- 150 ML DE NATA LÍQUIDA
- ¼ DE VASO DE VINO BLANCO (SECO)
- HARINA
- 200 G DE CHAMPIÑONES
- 2 DIENTES DE AJO
- ZUMO DE LIMÓN
- 50 G DE JUDÍAS VERDES
- 100 G DE PANCETA
- 1 PECHUGA DE POLLO

ELABORACIÓN

1. Se abre y escurre el bote de patatas frescas. Si no vienen cortadas, se cortan por la mitad, se colocan en un cuenco, se condimentan con aceite y se mezclan con perejil fresco (preferiblemente) o seco. Reservar.

2. Se cortan las judías verdes y el ajo y se reservan. A continuación, se cortan los champiñones en trozos muy pequeños reservando 2 o 3 para cortarlos en lonchas finas en vez de en trozos.

3. Se cortan la pechuga de pollo en trozos pequeños o rodajas finas, como se prefiera, y se hacen en una sartén grande con un poco de aceite. Una vez el pollo esté dorado, casi hecho, se incorporan la panceta y las verduras (salvo las patatas).

4. A continuación, se fríen las patatas en otra sartén con un poco de sal y pimienta.

5. Se sofríe el resto de ingredientes juntos y se añade ¼ de vaso de vino blanco seco a la cacerola con el pollo para que se mezclen los sabores. Una vez listo, se vierte la nata líquida y se remueve. Si la salsa queda demasiado líquida, es recomendable espesarla con un poco de harina: se añaden pequeñas cantidades y se remueve sin parar para que se mezcle bien y no se hagan grumos.

6. Se deja reposar a fuego muy lento durante un minuto, mientras las patatas terminan de hacerse, y se sirve.

CARNES

EMPANADAS DE CERDO DESMENUZADO A LA BARBACOA DE MAMA LOTTIES

1 RACIÓN

INGREDIENTES

- 1 PERNIL DE CERDO DE 350 G
- SALSA BARBACOA CON MIEL
- 2 HUEVOS
- 2 PATATAS PEQUEÑAS
- MASA DE HOJALDRE EN LÁMINAS FINAS

ELABORACIÓN

Para esta receta, hemos usado un tipo de jamón inglés aunque también se puede utilizar un pernil

1. Se cubre el pernil con la salsa barbacoa que hayamos escogido *(en este caso, salsa barbacoa con miel).*

2. Se hornea a 200°C durante 20 minutos y, a continuación, se cambia a modo grill y se dora durante 5 – 10 minutos, dándole la vuelta para que quede crujiente por todos lados.

3. Mientras el jamón está en el horno, se cortan las dos patatas pequeñas en dados y se fríen.

4. Cuando el pernil esté hecho se saca del horno y se desmenuza con la ayuda de dos tenedores.

5. En una sartén, se incorpora la carne desmenuzada y se añade un poco más de salsa barbacoa, se rehoga de 2 a 5 minutos para asegurarnos de que esté bien hecho y que quede ligeramente crujiente.

6. Se escurren las patatas fritas y se mezclan con dos huevos batidos.

7. Se extiende la masa de hojaldre en una bandeja para hornear y se coloca la mezcla de patatas y huevo así como la carne con la salsa barbacoa en la parte central. Se cubre con el resto de la masa de hojaldre y se sellan los bordes. A continuación, se pinta el hojaldre con el huevo batido que nos haya sobrado.

8. Se hornea durante 20 – 25 minutos hasta que el hojaldre suba y quede dorado.

ALBONDIGÓN

INGREDIENTES

- 500 G DE CARNE PICADA

- 2 HUEVOS

- 100 G DE QUESO RALLADO

- 5 DIENTES DE AJO
  GRANDES
  (PARA LA CARNE)

- 2-3 DIENTES DE AJO
  (PARA LA SALSA)

- ¼ CEBOLLA

- ¼ DE PIMIENTO ROJO O
  VERDE

- 1 LATA GRANDE DE
  TOMATE TRITURADO

- 1 CUCHARADITA DE
  CONCENTRADO DE
  TOMATE

- PEREJIL PICADO

- SALSA PICANTE

- PAN RALLADO
  (UN PUÑADO)

- HARINA

- VINO BLANCO SECO
  (MEDIO VASO DE VINO)

- 600 ML DE AGUA

ELABORACIÓN

1. Se mezclan todos los ingredientes [salvo los que se usan en la salsa] y se les da forma de rollo, se pasa por harina y se fríe ligeramente por todos los lados durante unos minutos en una sartén.

2. Una vez dorado, se retira y en una cazuela grande se doran 3 dientes de ajo grandes en aceite de oliva, se añade una lata grande de tomate triturado, un poco de vino, un poco más de medio litro de agua; se sazona y se lleva a ebullición.

3. Se deja a fuego lento durante unos 10 minutos antes de incorporar el rollo de carne a la cazuela con la salsa de tomate.

4. Es importante remover con frecuencia para que la carne no se pegue al fondo de la cazuela. Se cocina a fuego lento durante 20 minutos aproximadamente y se le da la vuelta a la carne para que cueza otros 15 o 20 minutos hasta que esté hecha.

RECETA DE ANA MARÍA MORRO

PINCHITOS MARROQUÍES

PINCHITOS DE MAMÁ

INGREDIENTES

- 500 G DE MAGRO DE TERNERA / CORDERO
- 2 DIENTES DE AJO
- PEREJIL FRESCO
- 2 CUCHARADITAS DE SAL
- MEZCLA DE ESPECIAS PARA PINCHITOS
- 3 CUCHARADITAS DE ACEITE DE OLIVA
- 1 PIMIENTO ROJO
- 1 PIMIENTO VERDE
- ½ CEBOLLA

Estos pinchitos picantes son totalmente imprescindibles en las barbacoas. Las carnes especiadas y marinadas son habituales en las carnicerías marroquíes... así que, ¿por qué no probarlas?

ELABORACIÓN

1. Se empieza por cortar en dados la carne y mezclarla con las especias y el aceite hasta que quede totalmente marinada. Se pican el ajo y el perejil muy finos y se incorporan a la carne marinada.

2. Se trocean los pimientos y la cebolla en dados, procurando que estos tengan un tamaño mediano. A continuación, se ensarta la carne, intentando que haya 3 o 4 dados en cada pincho, y se alterna la carne, el pimiento y la cebolla.

3. Se ponen los pinchitos en la barbacoa o en papel de aluminio en una parrilla y se hacen a fuego vivo dándoles la vuelta cuando sea necesario para que se hagan bien. Deberían estar listos en unos 6 - 8 minutos.

RECETA DE LORRAINE LAGUEA

PASTEL DE TERNERA (COTTAGE PIE) DE MAMA LOTTIES

INGREDIENTES

- 2 PATATAS GRANDES
- UN CHORRITO DE LECHE
- 250 G DE CARNE PICADA
- 1 CEBOLLA
- 1 DIENTE DE AJO
- 1 ZANAHORIA
- 1 PUERRO
- 1 PASTILLA DE CALDO DE CARNE
- 2 CUCHARADAS DE MANTEQUILLA
- QUESO
  (RED LEICESTER O CUALQUIER OTRO)

ELABORACIÓN

1. Se hierven las patatas. Una vez cocidas, se añaden las cucharadas de mantequilla y la leche y se aplasta todo hasta obtener una mezcla suave y homogénea.

2. Se derrite un poco de mantequilla y se sofríen la cebolla y el ajo picados junto con la zanahoria y el puerro cortados muy finos. Cuando estén dorados, se añade la carne picada junto con la pastilla de caldo de carne y se salpimienta.

3. En una fuente pequeña para horno, se vierte la mezcla de carne y se cubre con el puré de patatas.

4. Se ralla el queso y se espolvorea sobre el puré. Se gratina hasta que el queso quede dorado. Meterlo debajo la parilla hasta que el queso esté dorado.

SUGERENCIA

Si se prefiere añadir una capa extra, podemos probar a cocer uno o dos huevos, cortarlos en finas rodajas y colocarlos entre la carne y el puré de patatas.

POTAJE DE BERZA DE MAMA LOTTIES

INGREDIENTES

- 500 G DE CUELLO DE CERDO
- 500 G DE CARNE PARA GUISO
  (TROCEADO EN CUATRO)
- 1 MANITA DE CERDO
- 110 G DE PANCETA DE CERDO
- 110 G DE MORCILLA
- 110 G DE CHORIZO
- 2 DIENTES DE AJO
- 1 CEBOLLA MEDIANA
- 2 TOMATES FRESCOS
- 1 TROZO DE CALABAZA GRANDE
- 5 PATATAS
- 400 G DE JUDÍAS BLANCAS
- 400 G DE GARBANZOS
- ½ KG DE JUDÍAS VERDES
- 1 MANOJO GRANDE DE HIERBABUENA FRESCA
- 1 CUCHARADITA DE PIMENTÓN
- 8 GRANOS DE PIMIENTA NEGRA
- 1 CUCHARADITA DE COMINO EN POLVO

ELABORACIÓN

1. En una olla a presión, se coloca el cuello de cerdo, la carne para guiso, la manita de cerdo, la panceta, el chorizo, los dientes de ajo pelados y enteros, la cebolla y los tomates cortados por la mitad, la calabaza, la hierbabuena picada, la cucharadita de pimentón, los ocho granos de pimienta negra y la cucharadita de comino en polvo.

2. Se cubren los ingredientes con agua hirviendo y se sazona. Se cocina en la olla a presión durante 45 minutos o en una olla normal hasta que todo esté tierno, agregando agua durante el proceso.

3. Cuando todos los ingredientes estén hechos, se retira la carne, la manita y el chorizo y se tritura el resto de verduras con una batidora. Se incorporan las judías verdes cortadas en dos o tres trozos, los garbanzos, las judías blancas, la morcilla y las patatas en la olla con el puré de verduras. Se cocinan durante 15 minutos en la olla a presión y se retira del fuego. En caso de usar una olla normal, se cubre parcialmente y se pone al fuego durante 30 - 40 minutos o hasta que todo esté tierno, agregando agua conforme sea necesario.

4. Se vuelve a agregar la carne y el chorizo al resto de ingredientes una vez que estén tiernos.

CROQUETAS DE MAMÁ

INGREDIENTES

- 5 PATATAS MEDIANAS

- 200 G DE BEICON AHUMADO

- ¼ DE CEBOLLA ROJA

- 3 HUEVOS

- PEREJIL FRESCO PICADO

- 75 G DE PAN RALLADO

- SAL

- PIMIENTA NEGRA MOLIDA

- ACEITE DE OLIVA

Estas sabrosas croquetas son tan fácil y rápida de hacer que usted no tiene ninguna excusa. Son perfectas para una merienda, fiestas y especialmente los ninos.

ELABORACIÓN

1. Se parten y se hierven las patatas hasta que estén bien cocidas. Mientras se hacen las patatas, se corta el beicon ahumado (siempre se puede comprar taquitos de beicon) y se fríe sin aceite hasta que esté bien hecho, sin que quede crujiente.

2. Cuando esté listo, se retira el exceso de grasa de la sartén. En este momento, las patatas ya deberían estar listas. Se escurre toda el agua de las patatas cocidas y se machacan.

3. Se mezcla el beicon con las patatas, se salpimientan y se añade una pizca de perejil. Se deja enfriar y se añade un huevo batido. (Al dejarlo enfriar evitamos que el huevo se cueza). La mezcla de patata debería adquirir una consistencia pastosa. Si no es el caso, se añade un puñado de pan rallado.

4. Se preparan dos recipientes independientes, uno con 2 huevos batidos y el otro, con pan rallado.

5. Para formar las croquetas, se coge una cucharada de la mezcla de patata y, con las manos, se le da forma de pelota aplastada.

6. Se calienta una sartén con aceite suficiente para cubrir todo el fondo. Se fríen las croquetas por ambos lados hasta que queden doradas. Se retiran y se colocan en papel de cocina para eliminar el exceso de aceite.

RECETA DE LORRAINE LAGUEA

ALBÓNDIGAS DE MAMA LOTTIES

INGREDIENTES

- 400 G DE CARNE PICADA
- 2 DIENTES DE AJO
- ESPINACAS
  (UN PUÑADO)
- 1 CEBOLLA PEQUEÑA
- 60 G DE PASTA
- SAL
- PIMIENTA NEGRA MOLIDA
- ORÉGANO
- ALBAHACA
- ACEITE DE OLIVA
- 1 LATA DE TOMATES TROCEADOS
- TOMATES SECOS
  (OPCIONAL)

CONSEJO

Si al elaborar la salsa de tomate queda demasiado ácida, se puede añadir una cucharadita o dos de azúcar.

Aunque las albóndigas están deliciosas tanto solas como acompañadas con una sabrosa salsa de tomate y unas cuantas rebanadas de pan, en este caso, hemos optado por combinarlas con tallarines.

ELABORACIÓN

1. Se precalienta el horno a 200°C.

2. Se pican bien fino el ajo, la cebolla y las espinacas y se colocan en un cuenco grande, se mezclan con la carne picada y se añade sal, albahaca, pimienta y un chorrito de aceite.

3. Con las manos limpias, se amasan todos los ingredientes. Se van cogiendo pequeñas cantidades de la mezcla y se les da forma de albóndiga, compactando la carne a medida que vamos formándolas. Se colocan en una bandeja para hornear. Al final deberíamos tener en total alrededor de 14 albóndigas.

4. Se coloca la bandeja en el horno a media altura durante 10 - 15 minutos.

5. En una cacerola grande, se incorporan los tomates troceados y se añaden unos cuantos tomates secos (opcional). Se adereza con sal y orégano y se cuece a fuego medio - bajo.

6. En otra cazuela, se hierven de 2 a 3 puñados de pasta con una pizca de sal y una cucharada de aceite para que no se pegue.

7. Una vez estén listas las albóndigas en el horno, se incorporan a la cazuela con la salsa de tomate (con o sin su jugo). Se remueve y se deja reposar hasta que la pasta esté lista, de modo que los sabores se mezclen bien. Se deja a fuego lento, para reducir el exceso de caldo de la salsa y que quede más densa.

8. Una vez lista la pasta, se escurre y se sirve.

BERENJENAS RELLENAS DE CHORIZO, ESPINACAS, TOMATE Y QUESO DE MAMA LOTTIES

1 RACIÓN

INGREDIENTES

- 1 BERENJENA GRANDE
- ACEITE DE OLIVA
- PIMIENTA NEGRA MOLIDA
- 65 G TROCITOS CHORIZO
- 1 TOMATE GRANDE
- ESPINACAS
- 50 G DE QUESO CHEDDAR
- SAL

ELABORACIÓN

1. Se precalienta el horno a 200°C.

2. Se corta a lo largo la berenjena y se retira parte de la carne de las dos mitades. Se trocea esta carne y se reserva.

3. Se colocan las mitades de la berenjena en una bandeja para hornear y se salpimientan, se añade un chorrito de aceite y se hornean durante 8 - 10 minutos.

4. Mientras la berenjena se hace en el horno, se fríe el chorizo durante un par de minutos y se añade la carne de la berenjena troceada, el tomate y las espinacas. Se saltean durante 2 o 3 minutos con aceite de oliva.

5. Se sacan las berenjenas del horno y se vierte el relleno en las dos mitades, se ralla un poco de queso y se espolvorea por encima de las berenjenas rellenas. Se vuelve a meter en el horno durante 5 – 8 minutos, hasta que esté hecho.

TARTA DE CERDO, CHORIZO Y BRÓCOLI DE MAMA LOTTIES

INGREDIENTES

- 300 G DE FILETES DE LOMO DE CERDO
- 200 G DE BRÓCOLI
- 65 G DE CHORIZO
- BASE DE HOJALDRE
- 1 CEBOLLA
- 2 DIENTES DE AJO
- 400 G DE TOMATES TROCEADOS
- SAL
- ALBAHACA FRESCA

¿Por qué no hacer algo distinto con una base de hojaldre? ¿Has probado a rellenarla con cerdo, chorizo y brócoli? Una especie de volován a la española.

ELABORACIÓN

1. Se empieza por cortar y hervir el brócoli en una cacerola y se precalienta el horno a 200°C.

2. Se pican el ajo y las cebollas muy fino y se sofríen con un poco de aceite.

3. Una vez pochados el ajo y la cebolla, se cortan el chorizo y el lomo de cerdo en dados y se fríen.

4. Cuando esté todo hecho, se incorporan los tomates troceados y se aradera con sal y albahaca. En este momento, el brócoli ya debería estar tierno y listo para escurrir. Se escurre y se añade a la mezcla.

5. Se remueve todo y se deja a fuego lento para que los sabores se mezclen durante unos minutos.

6. Se retira el relleno del fuego y, con la base de hojaldre, se crea una rosca. Se vierte el relleno en la rosca.

7. Se hornea a altura media durante 20 minutos o hasta que el hojaldre esté hecho, haya subido y esté dorado, sin llegar a quemarse.

ROLITOS DE MAMA LOTTIES

INGREDIENTES

- 5 FILETES FINOS DE TERNERA
- 1 PIMIENTO ROJO ASADO
- 2 LONCHAS DE JAMÓN
- 2 HUEVOS
- ACEITUNAS VERDES O NEGRAS SIN HUESO
- 3 PATATAS MEDIANAS
- 1 CUCHARADA DE MANTEQUILLA
- UN CHORRITO DE LECHE

SALSA

- 100 G DE ALMENDRAS
- PEREJIL
- PAN RALLADO
  (UN PUÑADO)
- 400 G DE TOMATES TROCEADOS
- 3 DIENTES DE AJO
- 1 CEBOLLA GRANDE
- 1 VASO DE VINO BLANCO
- ACEITE
- SAL
- PIMIENTA
- AGUA

Los rolitos son todo un tesoro gibraltareño. Su elaboración puede no ser sencilla pero, como suele decirse, todo lo bueno se hace esperar.

ELABORACIÓN

1. Se cuecen los huevos y se pican en dados pequeños, junto con el pimiento, el jamón y las aceitunas.

2. Una vez esté todo bien picado, se mezcla en un cuenco grande y se empiezan a hacer los rolitos con la ternera. Para empezar, se colocan una o dos cucharadas de relleno, en función del tamaño del filete, en el centro de la ternera y se enrolla. Para evitar que se desenrolle, se cierran por cada extremo con un palillo.

3. Se reservan los rolitos de ternera y empezamos con la salsa. Se pican el ajo y la cebolla muy finos y se sofríen hasta que la cebolla esté pochada. Una vez listo, se añaden los tomates troceados y el resto de ingredientes.

4. Se incorporan los rolitos de ternera a la sartén y se cocinan durante 15 - 20 minutos, hasta que estén hechos. Si la salsa se espesa demasiado, se añade agua hasta lograr la consistencia deseada.

5. Mientras se cocinan los rolitos, se lavan y cortan las patatas y se cuecen hasta que estén blandas; luego se hace el puré con mantequilla y leche.

CONSEJO

Utilizar palillos para que no se salga el relleno de los rolitos de ternera

HUEVOS A LA FLAMENCA DE MAMA LOTTIES

INGREDIENTES

- 1 HUEVO
- 227 G DE TOMATES TROCEADOS EN LATA
- 145 G DE GUISANTES
- 1 PATATA
- 65 G TAQUITOS DE CHORIZO
- ½ CEBOLLA
- 2 DIENTES DE AJO
- ACEITE DE OLIVA

Esta receta, todo un clásico de la gastronomía española, tiene diversas variantes en las distintas regiones españolas y, sin duda, Gibraltar puede tener la suya propia, inspirada en su variedad cultural y en sus múltiples generaciones.

ELABORACIÓN

1. Se cortan las patatas en daditos pequeños y se fríen hasta que estén blandas.

2. Mientras se fríen las patatas, se pican la cebolla y el ajo bien fino. Se sofríen en otra sartén hasta que estén pochados y se añaden los tomates troceados. Se deja cocer todo junto hasta que hierva a fuego lento (pruebe la salsa de tomate y, si está demasiado ácida, añada una cucharadita de azúcar). Se añaden los guisantes y el chorizo.

3. Una vez las patatas estén listas, se mezcla todo con la salsa de tomate y el resto de ingredientes.

4. Se vierte la mezcla en una cazuela de barro.

5. Se casca 1 huevo en el centro de la cazuela y se hornea a 180°C hasta que esté escalfado.

HAMBURGUESAS DE PEPPERONI Y TOMATE SECO DE MAMA LOTTIES

INGREDIENTES

- 250 G DE CARNE PICADA
- 4 TOMATES SECOS
- ½ CEBOLLA
- 1 DIENTE DE AJO
- 70 G DE PEPPERONI EN LONCHAS
- PAN DE HAMBURGUESA
- QUESO RALLADO
- HARINA
- AGUA
- MEZCLA DE BROTES TIERNOS

Ésta no es una hamburguesa cualquiera: gracias a las lonchas de pepperoni derrocha sabor y un toque ligeramente picante. Si se culmina con una capa de suave queso fundido, se obtiene una receta inmejorable.

ELABORACIÓN

1. Se cortan todos los ingredientes, salvo el pan de hamburguesa y la ensalada de brotes tiernos y se mezclan en un cuenco grande.

2. Se amasan bien todos los ingredientes con las manos. Se añade un poco de harina y agua para que quede una mezcla compacta y se salpimienta.

3. Se coge un puñado de la mezcla y se aplasta hasta darle forma de hamburguesa. Se reserva. Con las cantidades indicadas deberían salir dos hamburguesas grandes o algunas más si las hacemos más pequeñas.

4. Una vez formadas las hamburguesas, se hacen a fuego medio o se colocan en una fuente para horno y se gratinan.

5. Se sirven en el pan de hamburguesa con queso rallado y los brotes tiernos.

CANELONES RELLENOS DE MAMA LOTTIES

INGREDIENTES

- 100 G DE MORTADELA
- 100 G DE JAMÓN
- 100 G DE QUESO CHEDDAR
- 2 HUEVOS COCIDOS
- 180 G DE ACEITUNAS
- 400 G DE TOMATES TROCEADOS
- ½ CEBOLLA GRANDE O 1 PEQUEÑA
- ACEITE
- 250 G DE CANELONES

No hay nada mejor que los canelones de Mama Lotties: el dulzor de los tomates troceados y el relleno de carne picada y aceitunas los convierten en un plato perfecto para cualquier día.

ELABORACIÓN

1. Se pican el jamón, los huevos, la mortadela y las aceitunas y se mezcla todo hasta obtener una pasta que utilizaremos para rellenar los canelones.

2. Se pica la cebolla y se sofríe. Una vez pochada, se mezcla con los tomates. Se pueden añadir hierbas aromáticas si se desea.

3. Se vierte un poco de salsa de tomate en el fondo de la fuente para hornear y se colocan encima los canelones rellenos. Se termina cubriendo los canelones con la salsa de tomate restante. Se tapa con papel de aluminio y se hornea durante 30 minutos a 225°C – 250°C.

4. Una vez transcurridos los 30 minutos, se destapa, se ralla un poco de queso sobre los canelones y se vuelven a meter en el horno otros 10 minutos o hasta que queden dorados.

SUGERENCIA

Es una receta perfecta para aprovechar las sobras de las comidas navideñas. Se mezcla todo para realizar el relleno y se sigue el resto de la receta.

PESCADOS

CALAMARES RELLENOS DE GAMBAS DE MAMÁ

INGREDIENTS

- 2 CALAMARES
  (POR PERSONA)

SALSA

- ACEITE DE OLIVA
- 1 PIMIENTO VERDE
- 1 CEBOLLA
- 2-3 DIENTES DE AJO
- 4 TOMATES FRESCOS
- 1 HOJA DE LAUREL
- 1 PASTILLA DE CALDO DE POLLO
- AZAFRÁN
- ½ VASO DE VINO BLANCO

RELLENO

- 500 G DE GAMBAS O LANGOSTINOS
- 3 DIENTES DE AJO
- GUINDILLA PICADA
- ORÉGANO

¡Marisco para todos! Como Gibraltar está rodeado de agua, no sorprende que cada familia tenga su manera de cocinar el marisco, aunque ésta es una de las que más disfruto.

ELABORACIÓN

Se limpian bien los calamares y las gambas.

1. Se empieza por el sofrito, la base de la salsa. Se pican los ingredientes y se incorporan todos, salvo los tomates, a una sartén caliente con una cucharada de aceite de oliva y se cocinan hasta que se pochen. Luego se añaden los tomates y se dejan al fuego. Se revuelve hasta que los tomates se ablanden y formen una salsa.

2. Cuando el sofrito esté listo, se reserva y se pasa a preparar los calamares y las gambas.

3. Para el relleno, se sofríe el ajo en un poco de aceite de oliva y se incorporan las gambas y los tentáculos de los calamares. Se reserva el cuerpo del calamar vacío.

4. Se incorporan a la sartén la guindilla, el orégano, la sal y la pimienta y se sofríe hasta que se doren las gambas.

5. Cuando esté listo, se rellenan los calamares con los ingredientes cocinados y se cierran con palillos.

6. Se añaden el vino, la pastilla de caldo diluida en agua hirviendo, la sal, la pimienta y el azafrán al sofrito. Se incorporan los calamares rellenos y se cocinan a fuego medio durante 30 minutos o hasta que se ablanden. Se puede añadir más agua si es necesario.

7. Cuando los calamares se ablanden, se añade un puñado de arroz por persona, un poco de agua y se deja al fuego hasta que el arroz esté listo.

RECETA DE LORRAINE LAGUEA

PARGO AL HORNO DE MAMA LOTTIES

INGREDIENTS

- UN PARGO DE 1,5 KG
- 3 PATATAS MEDIANAS
- 1 CEBOLLA GRANDE
- 2 PIMIENTOS VERDES MEDIANOS
- 4 TOMATES GRANDES
- 2 DIENTES DE AJO
- PEREJIL
- ACEITE
- VINO BLANCO
- 1 LIMÓN GRANDE

ELABORACIÓN

1. Se cortan las patatas en rodajas gruesas y se escaldan. Se limpia y se descama el pescado.

2. Se cortan las verduras en trozos grandes y se prepara una sartén con una cucharada de aceite de oliva. Se sofríen el ajo, las cebollas, los tomates y el pimiento hasta que se pochen.

3. Se coloca el pargo en una bandeja de horno y se disponen las patatas alrededor. Se incorporan las verduras con la sal, un chorro de vino y el limón en rodajas.

4. Se coloca en el horno a 200°C hasta que el pescado esté dorado.

PESCADO A LA MEUNIÈRE DE MAMA LOTTIES

4 RACIONES

INGREDIENTES

- SALMÓN, LENGUADO O PLATIJA
- PEREJIL
- 1 CHORRITO DE VINO BLANCO
- PAN RALLADO
- ACEITE DE OLIVA

En general, las mejores recetas de pescado son las más sencillas y ésta no es la excepción. El pan rallado se empapa de vino blanco y todas las salsas se entremezclan a medida que el pescado se cocina lentamente en el horno.

ELABORACIÓN

1. Se precalienta el horno a 180-200°C.

2. Se limpia y se quita la piel al pescado *(se le puede pedir al pescadero que prepare así el pescado)*.

3. Se prepara una fuente de horno con un poquito de aceite y se coloca el pescado. Se añaden la sal, la pimienta y el perejil y se echa un chorrito de aceite y un poquito de vino blanco.

4. Luego se cubre el pescado con una fina capa de pan rallado y se coloca en el centro del horno durante 15 o 20 minutos.

5. Cuando el pan rallado se dore, el pescado estará listo.

   Si se desea, se puede servir acompañado con arroz blanco.

DORADA A LA SAL DE MAMA LOTTIES

INGREDIENTES

- DORADA
  (U OTRO PESCADO ENTERO)

- SAL MARINA

- UN MANOJO DE PEREJIL
  FRESCO

Aunque el pescado se come durante todo el año, hay algo especial en comerlo en verano. En plena temporada de barbacoas, una de las recetas imprescindibles es la dorada a la sal. La capa gruesa de sal forma una costra que mantiene el pescado jugoso y conserva plenamente su sabor. Asegúrese de pedirle al pescadero que limpie bien el pescado.

ELABORACIÓN

1. Se rellena el pescado con perejil. Se cubre el pescado *(en este caso, la dorada)* con una capa gruesa de sal por encima y por debajo.

2. Se envuelve en papel de aluminio y se coloca bajo el grill o en la barbacoa durante 20-30 minutos, girándolo de vez en cuando.

3. Cuando esté listo, se le quita el papel de aluminio y se separa la sal del pescado. Debería poder separarse en una sola capa sólida. Se abre el pescado por la mitad y ¡a disfrutar!

JIBIA GUISADA DE MAMA LOTTIES

INGREDIENTES

- 1 KG DE JIBIA
- 1 DIENTE DE AJO
- 1 CEBOLLA GRANDE
- 5 - 6 TOMATES
- 1 HOJA DE LAUREL
- AZAFRÁN
- SAL
- PIMIENTA
- 4 - 5 PATATAS
- 145 G DE GUISANTES

Me crie con este plato, que siempre me ha encantado. Es fácil de comer gracias a la suave textura de la jibia, y el frescor del tomate y las verduras hacen mucho más placentero comer una de las cinco porciones diarias de fruta y verdura. Se recomienda tener un trozo de pan cerca...

ELABORACIÓN

1. Se pican los tomates, la cebolla y el ajo y se sofríen lentamente en una sartén con un poco de aceite.

2. Cuando el sofrito esté listo, se corta la jibia en trozos pequeños y se incorpora, junto con el azafrán y la hoja de laurel y se cubre con agua. Se tapa la sartén y se deja al fuego, removiendo y comprobando la cantidad de agua de vez en cuando. *(Si se cocina en una olla a presión, sólo hay que hervirla durante 5 minutos.)*

3. Se trocean las patatas y una vez que la jibia esté tierna, se añaden las patatas y los guisantes y se cubre de nuevo con agua. Se salpimienta y se deja al fuego hasta que las patatas estén listas. Se remueve de vez en cuando y se añade un poco de agua si es necesario para impedir que se seque el guiso.

CALAMARES RELLENOS DE MAMA LOTTIES

INGREDIENTES

- 2 CALAMARES GRANDES LIMPIOS
- 3 HUEVOS
- 4 DIENTES DE AJO
- PEREJIL
- 250 G DE QUESO
- PAN RALLADO
- 6 TOMATES GRANDES
- 1 CEBOLLA MEDIANA

SUGERENCIA

No se recomienda llenar demasiado los calamares porque al cocinarse menguan y el relleno aumenta.

¡Nos encantan los platos con relleno! La combinación de los tentáculos con el relleno y el sabor del calamar cocinado lentamente con la increíblemente deliciosa salsa de almendras (PÁG. 99) hacen que este plato sea irresistible.

ELABORACIÓN

1. Se precalienta el horno a 200°C.

2. Para el relleno, se mezclan los huevos, los dos dientes de ajo picados y el perejil muy picado, el queso rallado y 2 puñados de pan rallado. Se cortan los tentáculos del calamar y se mezclan con el relleno.

3. Se dejan los calamares del revés, se rellenan hasta tres cuartos de su capacidad y se cierran con un palillo.

4. Se reservan y se pasa a preparar la salsa. Se sofríen el ajo, la cebolla y los tomates hasta que estén tiernos y se trituran.

5. Se colocan los calamares rellenos en una fuente de horno y se cubren con la salsa. Se tapa con papel de aluminio y se cocinan al horno durante 30 minutos.

6. Se levanta el papel de aluminio y se comprueba que los calamares están tiernos. Si es así, se dejan en el horno sin cubrir otros 5 minutos o hasta que se doren.

BOCADITOS DE ATÚN

INGREDIENTS

- 1 CEBOLLA PEQUEÑA
- UNA LATA DE ATÚN DE 160 G
- PEREJIL
- 2 HUEVOS
- 100 G DE QUESO RALLADO
- 1 PAQUETE DE MASA DE HOJALDRE

ELABORACIÓN

1. Se cuece un huevo en una cazuela pequeña. Se pica la cebolla y se mezcla con el atún, el huevo duro y el perejil.

2. Se extiende la masa en forma de rectángulo, se unta con un huevo batido y se añade el queso rallado. Se extiende la mezcla con atún sobre la masa y se enrolla hasta formar un cilindro. Luego se cortan rodajas de 2 centímetros.

3. Se colocan en una bandeja de horno y se untan con el huevo batido restante. Se hornean a 175°C hasta que se doren.

RECETA DE MARIA LUISA

ESPAGUETIS CON GAMBAS, GUINDILLA Y AJO DE MAMA LOTTIES

1 RACIÓN

INGREDIENTS

- 80 G DE GAMBAS COCIDAS
- 3-4 DIENTES DE AJO
- 60 G DE ESPAGUETIS
- GUINDILLAS SECAS
- ACEITE DE OLIVA

ELABORACIÓN

1. Se pica el ajo y se sofríe. Se incorporan las gambas cocidas, se añaden unas guindillas partidas y se mezclan todos los ingredientes.

2. Mientras tanto, se cuecen los espaguetis. Cuando estén listos, se escurren y se incorporan a la sartén con las gambas y el ajo.

3. Se remueve, se echa un chorrito de aceite de oliva y sal.

HAMBURGUESAS DE SALMÓN

2 RACIONES

INGREDIENTES

- 2 LATAS - 102 G DE SALMÓN SIN PIEL Y SIN ESPINAS
- 2 HUEVOS
- 1 CEBOLLA MEDIANA
- 2 DIENTES DE AJO
- ½ CUCHARADA DE PEREJIL SECO
- QUESO CHEDDAR
- HARINA

ELABORACIÓN

1. Se escurre el salmón y se echa en un cuenco, con cuidado de retirar cualquier resto de espinas o piel.

2. Se añaden los dos huevos batidos, la cebolla, el ajo, el queso, la sal y la pimienta. Se mezclan todos los ingredientes y se preparan las hamburguesas. Se pasan por harina y se fríen en aceite caliente.

3. También se pueden hacer al horno: se colocan las hamburguesas en una bandeja y se meten al horno precalentado a 190°C hasta que se doren.

RECETA DE ROSEMARIE MAÑASCO

BACALAO CON PATATAS Y VERDURAS AL HORNO DE MAMA LOTTIES

1 RACIÓN

INGREDIENTES

- 2 FILETES DE BACALAO
- 2 PATATAS GRANDES
- VERDURAS CONGELADAS
  (ZANAHORIAS, GUISANTES, COLIFLOR Y BRÓCOLI)
- 2 CUCHARADAS DE MANTEQUILLA
- 2 DIENTES DE AJO
- ESPINACAS
- PEREJIL FRESCO
- SAL
- PIMIENTA
- ACEITE DE OLIVA

ELABORACIÓN

Se precalienta el horno a 200 C.

1. Para preparar la receta es necesario tener una fuente grande de horno y un cuenco grande.

2. En el cuenco grande se añaden dos cucharadas de mantequilla y el ajo muy picado. Se añade perejil y un pellizco de sal y pimienta y se mezcla hasta conseguir una pasta. Se reserva.

3. En la fuente grande de horno se colocan las verduras, las espinacas y las patatas troceadas. Se pueden dejar las patatas con piel, que les dará más sabor, pero deben lavarse bien.

4. Se colocan los filetes de pescado al lado de las verduras y se vierte la mezcla de mantequilla sobre el pescado.

5. Se echa un chorrito de aceite de oliva a las patatas y las verduras y se salpimientan.

6. Se cubre la fuente de horno con papel de aluminio y se hornea durante 20 minutos. Antes de servir, se comprueba que el pescado y las verduras están en su punto.

SOPA DE MARISCO DE MAMA LOTTIES

3 RACIONES

INGREDIENTES

- 1 RAPE MEDIANO
- 225 G DE ALMEJAS
- 250 G DE GAMBAS
- 3 TOMATES
- 1 PIMIENTO VERDE
- 1 CEBOLLA PEQUEÑA
- 2 DIENTES DE AJO
- PIMENTÓN PICANTE
- ½ VASO DE VINO BLANCO
- HIERBABUENA
- FIDEOS
- ACEITE DE OLIVA
- AGUA

SUGERENCIA

Hay que dejar las almejas en remojo varias horas para limpiarlas de arena.

ELABORACIÓN

1. Se limpia y se le quita la espina al rape; se corta en trozos pequeños y se reserva. Se pelan las gambas crudas y se reservan junto con el pescado.

2. Se pican el ajo, la cebolla, el pimiento y los tomates y se sofríen en una cacerola grande a fuego lento con un chorro de aceite de oliva.

3. Cuando las verduras se ablanden y las cebollas estén transparentes, se trituran con una batidora de mano. Se incorporan el vino blanco, la hierbabuena y el pimentón.

4. Se hierven las almejas en una cazuela aparte, para impedir que suelten arena en la sopa.

5. En la cacerola grande, se incorpora el pescado y se cubre con agua; se añade un puñado de fideos por persona y se deja cocer. Se remueve y se controla regularmente. Si el agua se evapora demasiado rápido, se puede ir añadiendo más.

6. Cuando los fideos estén prácticamente listos, se incorporan las almejas y las gambas y se dejan al fuego durante 2 minutos para que todos los ingredientes se mezclen.

7. A continuación, se sirve la sopa. Se sazona al gusto.

CONCHAS EN SALSA DE ALMENDRAS DE MAMA LOTTIES

INGREDIENTES

- 3 KG DE ALMEJAS FRESCAS
- 300 G DE NUECES
- 300 G DE ALMENDRAS
- PEREJIL
- GUINDILLA
- COMINO
- CILANTRO
- 1 VASO DE VINO BLANCO
- 4 REBANADAS DE PAN
- 6 TOMATES
- 3 DIENTES DE AJO
- 1 CEBOLLA GRANDE
- ACEITE
- UNA LATA DE ANCHOAS EN ACEITE

Las almejas en salsa de almendras de Mama Lotties es mi receta preferida de Navidad y Pascua. Ya verá cómo moja pan con esta receta. No se conforme con tomarme la palabra: ¡pruébelo usted mismo!

ELABORACIÓN

1. Se hierven las almejas mientras se prepara la salsa..

2. Se calienta el aceite y se tuestan las rebanadas de pan hasta que estén doradas..

3. Se retiran y, a continuación, se doran las almendras en la sartén. Se retiran las almendras y se sofríen el ajo, las cebollas y los tomates a fuego lento.

4. Se trituran las almendras, las nueces, el perejil, el pan, las especias y las anchoas, y se mezclan hasta conseguir una pasta homogénea. Luego se añade esta pasta al sofrito.

5. Se mezcla y se incorporan el vino y las almejas

Esta salsa es ideal para platos de carne o marisco. Si se va combinar con carnes, se hace sin anchoas.

SUGERENCIA

Personalmente, me gusta usar esta salsa con los rolitos (Pág. 72)

Se dejan las almejas en remojo antes de cocinarlas para que suelten la sal.

ROSADA AL LIMÓN DE MAMA LOTTIES

INGREDIENTES

- 1 ROSADA GRANDE
- LIMÓN
- ACEITE DE OLIVA
- HARINA
- SAL

No hay chiringuito en España que no tenga rosada frita, un imprescindible del pescaíto frito mediterráneo. Sólo hay que echarle un chorrito de limón y un pellizquito de sal para degustar su espléndido y sutil sabor.

ELABORACIÓN

1. Se corta el pescado en trozos y se amasa hasta formar bolitas. Se aliña el pescado con un poco de limón.

2. Se prepara un plato con un poco de harina y se rebozan los trozos de pescado hasta que estén completamente cubiertos. Mientras tanto, se calienta abundante aceite de oliva en una sartén.

3. Se fríe el pescado y se deja reposar en un plato con papel de cocina para retirar el exceso de aceite.

4. Se sirve en un plato con rajas de limón.

MEJILLONES AL VAPOR CON AJO DE MAMA LOTTIES

INGREDIENTES

- 1 KG MEJILLONES
- 3 DIENTES DE AJO
- PEREJIL
- MANTEQUILLA

Los mejillones son deliciosos y cuanto más frescos, mejor. Las mejores recetas son siempre las más sencillas y creo que un poco de mantequilla y ajo da mucho de sí.

ELABORACIÓN

Los mejillones no necesitan muchos ingredientes ya que están buenísimo solos, pero si se desea añadir un poco más de sabor, ¿por qué no probar esto?

1. Se pican bien los 3 dientes de ajo y el perejil.

2. Simplemente se lavan los mejillones con agua y se colocan en una sartén grande con tapa a fuego lento-medio junto con el ajo, el perejil y una pizca de mantequilla.

3. Los mejillones soltarán toda el agua y se cocinarán en su propio jugo.

4. En total tardan entre 10 y 15 minutos en hacerse, es decir, hasta que se abren todos. No se olvide de remover de vez en cuando.

PASTA

ROSTO DE MAMA LOTTIES

INGREDIENTES

- CHAMPIÑONES
  (OPCIONAL)

- 1 PASTILLA DE CALDO DE CARNE

- 400 G DE TOMATES EN LATA

- 1 CEBOLLA PEQUEÑA O ½ GRANDE

- 1 DIENTE DE AJO GRANDE O 2 PEQUEÑOS

- 2 ZANAHORIAS GRANDES O 3 PEQUEÑAS
  (PELADAS Y CORTADAS)

- ACEITE

- ½ VASO DE VINO BLANCO

- 200 G DE PASTA
  (MACARRONES)

- 500 G DE CARNE
  (A ELEGIR ENTRE LAS SIGUIENTES)*

- *POLLO

- *TERNERA PARA GUISAR

- *CORTES GRUESOS DE CERDO

La receta de Rosto es, sin duda, una de las recetas más conocidas de Gibraltar, que se ha transmitido de generación en generación. Un sencillo plato de pasta y carne con un sabor que te dejará con ganas de más.

ELABORACIÓN

1. Se pican bien las cebollas y los ajos y se fríen. Cuando estén pochados y dorados, se añaden los tomates y las zanahorias.

2. Se corta la carne en dados y se añade a la sartén con un chorrito de vino blanco y la pastilla de caldo. Se cocina a fuego lento y se tapa hasta que esté tierna.

3. En una cacerola aparte, se cuece la pasta durante 9 o 10 minutos, hasta que esté al dente, se escurre y se añade a la sartén con la carne y las verduras.

4. Se deja al fuego 5 minutos para que los sabores se mezclen y se asienten.

Si la salsa de tomate es un poco ácida, se añade un poco de azúcar.

LASAÑA DE MAMA LOTTIES

2 RACIONES

INGREDIENTES

- PLACAS DE LASAÑA

RELLENO

- 2 LATAS PEQUEÑAS O 1 GRANDE DE TOMATES TROCEADOS
- 1 TARRO PEQUEÑO DE TOMATES SECOS
- 250 G DE CARNE PICADA
- 1 CEBOLLA PEQUEÑA
- 1 PIMIENTO VERDE (OPCIONAL)
- 1 BOLSA DE ESPINACAS FRESCAS
- 1 PASTILLA DE CALDO DE CARNE
- 1 PASTILLA DE CALDO DE POLLO
- ALBAHACA
- ORÉGANO
- 2 DIENTES DE AJO
- 200 G DE QUESO RALLADO

BECHAMEL

- 300 ML DE LECHE ENTERA
- 100 G DE QUESO CHEDDAR
- HARINA
- NUEZ MOSCADA (OPCIONAL)

ELABORACIÓN

Relleno

1. Se preparan todos los ingredientes: se pican muy fino las cebollas y el ajo y se reservan. Si se desea añadir el pimiento verde, se corta finamente y se reserva también.

2. En una sartén amplia, se añade un poco de aceite, aproximadamente una cucharada. Se añade la carne y se cocina a fuego medio, se salpimienta al gusto y se añade una pizca de albahaca y orégano y la pastilla de caldo de carne desmenuzada. Se remueve y se deja cocinar.

3. Se sigue removiendo de vez en cuando para asegurarse de que la carne se cocine completamente, y a continuación se añade la cebolla, el ajo y el pimiento verde. Se remueve y se deja 2 minutos al fuego.Mientras, se veirten 100ml de agua hirviendo en una taza para disolver la pastilla de caldo de pollo y después se añade a la carne.

4. Una vez que las cebollas y pimientos estén pochados, se añaden los tomates troceados y alrededor de 3 o 4 tomates secos.

5. Se tapa la sartén y se deja a fuego lento.

Béchamel:

6. Se hierve la leche a fuego medio, se ralla un poco de nuez moscada y, cuando la leche esté caliente, se añade la harina lentamente mientras se bate la leche poco a poco para que espese. Cuando empiece a espesar, se añade queso al gusto, en función de la cantidad de queso que se desee. Se remueve hasta que todos los ingredientes estén fundidos e incorporados y se haya convertido en una salsa espesa de queso.

7. Se aparta del fuego y se prepara la lasaña.

Preparación

8. Se precalienta el horno a 190°C

9. En una fuente para horno grande, se extiende un poco de bechamel y se cubre con placas de lasaña. A continuación, se añade la mezcla de relleno por encima, tras lo que se vuelve a verter bechamel y se continúa con el proceso: placas, relleno y bechamel hasta que se alcancen 3 o 4 capas. En la capa final, se extiende la bechamel y se cubre con el resto del queso rallado. Se cubre la fuente con papel de aluminio y se hornea durante 40 minutos o hasta que la pasta esté hecha. Esto se puede comprobar hendiendo un cuchillo para comprobar si la pasta está dura o blanda.

10. Cuando la lasaña esté lista, se descubre y se deja en el horno unos minutos más hasta que se gratine la superficie. Se saca del horno y se sirve inmediatamente

MACARRONES CON QUESO DE MAMA LOTTIES

INGREDIENTES

- 60 G DE PENNE
  (MACARRONES)

BECHAMEL

- 300 ML DE LECHE ENTERA
- 100 G DE QUESO
- HARINA
- NUEZ MOSCADA

ELABORACIÓN

1. Se hierve la pasta con un poco de sal.

2. Mientras, se prepara la salsa de queso.

3. Se hierve la leche a fuego medio, se ralla un poco de nuez moscada y, cuando la leche esté caliente, se añade la harina lentamente mientras se bate la leche poco a poco para que espese. Cuando empiece a espesar, se añade queso al gusto, en función de la cantidad de queso que se desee. Se remueve hasta que todos los ingredientes estén fundidos e incorporados y se haya convertido en una salsa espesa de queso.

4. Cuando esté lista, se reserva. Una vez que la pasta esté cocida, se pasa por el chorro del agua fría, se escurre y se pone en una fuente de horno. Se añade la salsa de queso hasta que cubra la totalidad de la pasta.

5. Se ralla un poco de queso por encima y se cocina al horno o con la función grill hasta que el queso se gratine.

ESPAGUETIS A LA BOLOÑESA CON CHORIZO DE MAMA LOTTIES

2 RACIONES

INGREDIENTES

- 100 G DE CHORIZO

- 100 G DE ESPAGUETIS

- ESPINACAS
  (PUÑADO)

- 400 G DE TOMATES TROCEADOS EN LATA

- 1 CEBOLLA PEQUEÑA

- 2 DIENTES DE AJO

- 300 G DE CARNE PICADA

- HARINA

- ALBAHACA FRESCA

- ORÉGANO SECO

- 50 G DE QUESO CHEDDAR RALLADO

ELABORACIÓN

1. Se pica la cebolla y el ajo muy fino y se sofríen en un poco de aceite.

2. Una vez estén pochados, se añade la carne picada, la albahaca y se salpimienta.

3. Se corta el chorizo en trocitos y se añade a la carne.

4. Mientras tanto, se hierve un poco de agua, se pican las espinacas y se hierven con los espaguetis en una cacerola.

5. Cuando la carne esté lista, se añade un poco de harina y de agua para espesar la salsa de la carne. Se añaden los tomates troceados y se deja a fuego lento.

6. Cuando la pasta esté cocida, se escurre y se sirve con la salsa y con queso rallado.

VERDURAS Y LEGUMBRES

MENESTRA DE MAMA LOTTIES

INGREDIENTES

- 1 KG DE JUDÍAS VERDES
- 225 G DE JUDÍAS PINTAS *(EN LATA)*
- 4 ZANAHORIAS GRANDES
- ¼ DE UNA CALABAZA GRANDE
- 1 BERENJENA GRANDE
- 2 CALABACINES
- 1 COLINABO MEDIANO
- ALBAHACA FRESCA
- 3 DIENTES DE AJO
- ACEITE DE OLIVA
- FIDEOS *(DOS PUÑADOS , ROTOS EN PEDAZOS PEQUEÑOS)*
- SAL
- PIMIENTA
- AGUA
- QUESO CHEDDAR RALLADO

Cuando era pequeño, la menestra de Mama Lotties siempre me hacía sonreír y no había día que no dejara el plato limpio. Ya de adulto, debo admitir que nada ha cambiado. La menestra siempre fue un plato clásico de Mama Lotties y, aunque muchos hayan intentado realizar la receta en numerosas ocasiones, no existe una como la original... ¡Pero merece la pena intentarlo!

ELABORACIÓN

1. Se corta en trozos la verdura, se maja el ajo y se introduce todo *(excepto las judías pintas)* en una cacerola grande con un chorro de aceite de oliva. Se aderza con sal y albahaca y se hierve con agua abundante.

2. Se retiran las verduras de la cacerola y se trituran. A continuación, se vuelven a introducir en la cacerola y se añaden las judías pintas. Se sigue cociendo durante otros 5-8 minutos.

3. Se añaden los fideos y se cuece hasta que estén tierna *(unos 10 minutos)*. Se deja reposar durante 2 minutos antes de servir para que los sabores se mezclen y asienten.

4. Se ralla el queso y se espolvorea por encima.

TORTILLA DE BATATA CON PIMIENTO ROJO DE MAMA LOTTIES

1 RACIÓN

INGREDIENTES

- 1 BATATA MEDIANA
- 4 HUEVOS
- 1 PIMIENTO ROJO

ELABORACIÓN

1. Se corta la batata en cubos pequeños y se fríe a fuego medio.

2. Se corta el pimiento y se fríe en otra sartén por separado.

3. Se baten 4 huevos en un cuenco grande, se sazonan y se reservan.

4. Cuando el pimiento esté pochado se retira del fuego.

5. Cuando la batata esté hecha, se retira del fuego, se quita el aceite de la sartén, y se mezcla con los huevos batidos y el pimiento.

6. Se mezcla todo y se introduce en una sartén pequeña o mediana con un chorro de aceite.

7. Se deja a fuego lento hasta que se observe que los bordes de la tortilla estén hechos. Con una cuchara de madera, se comprueban los bordes, despegándolos de la sartén.

8. Con un plato plano, se da la vuelta a la tortilla y se devuelve a la sartén. Se deja más tiempo hasta que la tortilla esté suelta de la base al mover la sartén.

ALCACHOFAS DE MAMA LOTTIES

INGREDIENTES

- 6 ALCACHOFAS FRESCAS
- 500 G DE HABAS FRESCAS
- 1 KG DE GUISANTES FRESCOS
- 2 CEBOLLETAS
- MEJORANA SECA
- ACEITE
- SAL
- UNA PIZCA DE AZAFRÁN
- 1 PATATA POR PERSONA

Las alcachofas son tan deliciosas como farragosas. El momento de retirar las hojas de la alcachofa y sacarles la carne con los dientes hace que la espera y el tiempo de cocción merezcan la pena.

ELABORACIÓN

1. Se limpian las alcachofas lavándolas con agua meticulosamente y se cortan las cebolletas.

2. Se pone agua en una cacerola de manera que cubra todo y se hierve junto con las verduras, excepto las patatas, con aceite, sal y azafrán.

3. Cuando las alcachofas estén blandas, se cortan las patatas en cubos y se añaden a la cacerola.

4. Si fuera necesario, se añade más agua, pero no demasiada.

5. Se cocina a fuego lento hasta que el agua se reduzca. A continuación, se sirve.

LENTEJAS DE MAMA LOTTIES

INGREDIENTES

- 250 G DE LENTEJAS
- 1 RODAJA GRANDE DE CALABAZA
- 1 PIMIENTO VERDE
- 1 TOMATE
- 1 CEBOLLA
- 2 DIENTES DE AJO
- ½ CUCHARADITA DE AZAFRÁN
- 1 HOJA DE LAUREL
- SAL
- ACEITE
- 2 PUÑADOS DE ARROZ
- 250 G DE CHORIZO
- 250 G DE MORCILLA

Las lentejas son un plato realmente sustancioso. Morcilla, chorizo y verduras... ¿Qué más se puede pedir? Es difícil resistirse a un plato tan bueno.

ELABORACIÓN

1. Si se utilizan lentejas secas, dejarlas a remojo la noche anterior.

2. Se empieza por incorporar todos los ingredientes, excepto el arroz y las lentejas, en una cazuela con agua hirviendo. Se cocina a fuego medio hasta que se ablanden.

3. Se añaden las lentejas y el arroz y se cocina durante 15 minutos, hasta que se ablanden.

4. Cuando esté todo cocinado, se retiran las verduras (se dejan el arroz y las lentejas) y se trituran con un poco de agua hasta que espesen.

5. A continuación, se vuelven a incorporar las verduras trituradas a la cazuela con el arroz y las lentejas. Se añade sal si fuera necesario.

CONSEJO

Dejar las lentejas a remojo la noche anterior para que se hinchen y se ablanden.

POSTRES
TARTAS Y PUDINES

TARTA ESPONJOSA DE CHOCOLATE DE MAMA LOTTIES

INGREDIENTES

- 225 G DE AZÚCAR
- 225 G DE MARGARINA
- 4 HUEVOS
- 225 G DE HARINA CON LEVADURA
- 2-3 CUCHARADAS DE CHOCOLATE EN POLVO
- 50 ML DE LECHE
- 1 TABLETA GRANDE DE CHOCOLATE CON LECHE

El nombre lo dice todo: esta tarta es ligera y esponjosa. No sólo se hace la boca agua con sólo olerla: derretir el chocolate para extenderlo por encima de la tarta es el momento más gratificante. ¿A que no es capaz de hacerlo sin probar el chocolate?

ELABORACIÓN

1. Se precalienta el horno a 180°C. Se mezclan el azúcar y la margarina en un cuenco y se baten hasta obtener un líquido suave y cremoso. Se separan las claras y las yemas de los 4 huevos. Se introducen las claras en un cuenco por separado y se reservan. Se añaden las yemas a la mezcla de margarina y azúcar.

2. Se baten las claras con la batidora eléctrica hasta que se monten y se puedan formar picos. Reservar.

3. Se bate la mezcla de la tarta con la batidora eléctrica. Cuando esté todo bien mezclado, se añade la harina tamizada y se bate de nuevo hasta que se convierta en una mezcla de textura cremosa.

4. Se añade la mitad de las claras montadas y se mezcla; se hace lo mismo con la otra mitad y se vuelve a mezclar hasta que adquiera una consistencia homogénea.

5. En un molde de corona grande o un molde redondo mediano, se coloca papel de horno o papel de aluminio. Yo suelo engrasar el interior del molde con mantequilla y espolvorearlo con harina para que la tarta no se pegue a los lados o se rompa cuando ya esté horneada.

6. Se vierte la mezcla en el molde y se hornea durante 20-30 minutos. A continuación, se comprueba si la tarta está correctamente horneada hendiendo un cuchillo en diferentes

puntos. Si el cuchillo sale limpio, la tarta está lista. Si no, se deja un rato más.

¡Por fin! La mejor parte:

7. Se vierte un chorrito de leche en una sartén hasta cubrir la base y se pone a fuego bajo-medio. Cuando la leche esté caliente, se añaden las onzas de chocolate y se remueve hasta que se derritan. Se reservan dos onzas de chocolate.

8. Hay que vigilar la sartén, ya que el chocolate podría quemarse y estropearse. Cuando se derrita y quede cremoso, se retira del fuego y se reserva.

9. Se coloca la tarta en un plato grande y se vierte el chocolate por encima esparciéndolo bien para que cubra toda la superficie.

10. Se rallan las dos onzas de chocolate que se reservaron anteriormente en la superficie de la tarta.

ARROZ CON LECHE

1 RACIÓN

INGREDIENTES

- 105 G DE ARROZ DE GRANO CORTO
- 1 RODAJA GRANDE DE CORTEZA DE LIMÓN
- 1 RAMA DE CANELA
- 1 CUCHARADITA DE CANELA MOLIDA
- 1 PIZCA DE SAL
- 500 ML DE LECHE ENTERA
- AZÚCAR AL GUSTO

ELABORACIÓN

1. Enjuaga el arroz y se pone en un cazo a fuego medio apenas cubierto con agua.

2. Se añaden la rama de canela y la corteza del limón. Se remueve continuamente hasta que haya absorbido toda el agua.

3. Se añade la leche, unos 120 ml cada vez sin dejar de remover hasta que absorba la leche por completo.

4. Cuando la consistencia sea cremosa, se prueba para comprobar que la textura del arroz es la correcta.

5. Cuando esté a su gusto, se apaga el fuego y se añade una pizca de sal y se espolvorea un poco de canela, añadiendo lentamente unas cuantas cucharadas de azúcar hasta conseguir el punto deseado.

6. Se espolvorea un poco más de canela por encima para decorar.

RECETA DE JESSICA BONFANTE

TORRIJAS

4 RACIONES

INGREDIENTES

- 4 REBANADAS DE PAN DE MOLDE SIN CORTEZA
- 200 ML DE LECHE ENTERA
- 4 HUEVOS
- CANELA
- ACEITE
- GOLDEN SYRUP
  (SEMEJANTE AL SIROPE DE CARAMELO)

ELABORACIÓN

1. Se cortan las rebanadas de pan por la mitad y se colocan en un cuenco con leche.

2. Se baten los cuatro huevos en un cuenco diferente. Se baña el pan en los huevos batidos, se escurre un poco en el cuenco y se fríe en aceite caliente.

3. Cuando las rebanadas estén fritas, se mojan en el sirope y se espolvorea un poco de canela.

RECETA DE JANET LAGUEA

TARTA DE MERENGUE DE LIMÓN

INGREDIENTES

- 60 G DE MANTEQUILLA
- 250 G DE GALLETAS DIGESTIVE *(MACHACADAS)*
- 1 TARRO DE LEMON CURD *(UNA CREMA DULCE DE LIMÓN)*

MERENGUE

- 4 CLARAS DE HUEVO
- 50 G DE AZÚCAR GLAS

ELABORACIÓN

1. Se derrite la mantequilla y se mezcla con las galletas machacadas, removiendo hasta que se mezclen bien. Se presiona la mezcla en la base del molde y se deja en la nevera para que se endurezca.

2. Cuando se haya endurecido, se extiende la crema de limón sobre la base de galletas.

3. Para realizar el merengue, se baten las claras hasta que se monten. Después, se añade poco a poco el azúcar glas mientras se sigue batiendo. Cuando la mezcla esté lista, se extiende con cuidado por encima de la crema de limón.

4. Se utiliza un soplete de cocina para dar color al merengue. También se puede meter al horno en la función grill durante algunos minutos.

RECETA DE CHARMAIN WOOD

FLAPJACKS (BARRITAS DE AVENA)

INGREDIENTES

- 225 G DE MANTEQUILLA
- 225 G DE AZÚCAR MORENO
- 2 CUCHARADAS DE GOLDEN SYRUP *(SEMEJANTE AL SIROPE DE CARAMELO)*
- 350 G DE COPOS DE AVENA

ELABORACIÓN

1. En un cazo, se ponen la mantequilla, el azúcar y el sirope a fuego medio. Se remueve constantemente con una cuchara de madera.

2. Cuando la mantequilla se haya derretido y la mezcla tenga la consistencia de un sirope suave, se retira del fuego y se añade la avena, cubriendo todos los copos.

3. Se engrasa un molde cuadrado con mantequilla y se añade la mezcla, presionando firmemente contra el fondo formando una capa más o menos plana.

4. Se hornea a 150°C durante aproximadamente 40 minutos. Se deja enfriar durante 10 minutos para que se endurezca un poco y se corta en cuadrados.

RECETA DE CHARMAIN WOOD

BIZCOCHO IMPERIAL DE MAMA LOTTIES

INGREDIENTES

- 450 G DE HARINA CON LEVADURA
- 225 G DE AZÚCAR
- 225 G DE MARGARINA
- UNA PIZCA DE SAL
- UNA PIZCA DE MEZCLA DE ESPECIAS
- 112 G DE PASAS SULTANAS
- 112 G DE PASAS DE CORINTO
- 56 G DE GUINDAS
- 2 HUEVOS
- 150 ML DE LECHE

ELABORACIÓN

1. Se precalienta el horno a 180°C.

Con las manos:

1. Se mezclan la harina y la mantequilla hasta obtener una textura similar a la del pan rallado.

2. Se añaden el resto de ingredientes secos.

3. Se baten los huevos con la leche y se añaden a la mezcla.

2. Cuando esté todo mezclado, se vierte en un molde engrasado y se hornea durante 45 minutos - 1 hora, comprobando ocasionalmente que no se queme.

BIZCOCHO DE COCO DE MAMA LOTTIES

INGREDIENTES

- 225 G DE AZÚCAR
- 225 G DE MARGARINA
- 1 CUCHARADA DE ACEITE DE OLIVA
- 4 HUEVOS
- 225 G DE HARINA CON LEVADURA
- 110 G DE COCO DESECADO
- EXTRACTO DE VAINILLA

ELABORACIÓN

1. Se precalienta el horno a 180°C.

2. Se mezclan el azúcar y la margarina en un cuenco y se baten hasta obtener u líquido suave y cremoso. Se separan las claras y las yemas de los 4 huevos. S vierten las claras en un cuenco por separado y se reservan. En otro cuenco, s ponen las yemas con la mezcla de margarina y azúcar.

3. Se añade la cucharada de aceite de oliva y una cucharadita de extracto d vainilla.

4. Con la batidora eléctrica, se baten las claras de los huevos hasta que se monte y se puedan formar picos y se reserva.

5. A continuación, se mezcla el contenido del otro cuenco y se añade el coc Cuando esté todo bien mezclado, se añade la harina tamizada y se bate d nuevo hasta que se obtenga una mezcla de textura cremosa.

6. Se añade la mitad de las claras montadas y se mezcla; se hace lo mism con la otra mitad y se vuelve a mezclar hasta que adquiera una consistenci homogénea. Con la batidora eléctrica, se mezclan los ingredientes.

7. Se coloca papel de horno o papel de aluminio en el molde. Yo suelo extend mantequilla en el fondo y espolvorearlo con harina para que la tarta no se pegu a los lados o se rompa cuando ya esté horneada.

8. Se vierte la mezcla en el molde y se hornea durante 20 - 30 minutos. continuación, se comprueba si la tarta está correctamente horneada hendiend un cuchillo en diferentes puntos. Si el cuchillo sale limpio, la tarta está lista. no, se deja un rato más a una temperatura menos elevada.

9. Si se desea, se puede cubrir con mermelada y espolvorearlo a continuación co coco o, si se tiene un día goloso, con una capa de chocolate negro.

BATIDO DE ESPINACAS, LECHE DE COCO, FRESA Y PLÁTANO DE MAMA LOTTIES

INGREDIENTES

- 6 FRESAS GRANDES
- 1 PLÁTANO GRANDE
- 200 ML DE LECHE DE COCO
- NUEZ MOSCADA
- ESPINACAS FRESCAS *(PUÑADO)*
- COCO DESECADO
- AGUA

ELABORACIÓN

1. Se pela el plátano y se coloca, junto con las fresas, las espinacas, la leche de coco y un poco de coco desecado en una batidora. Se añade un poco de agua, ya que la leche puede hacer que la mezcla sea muy densa.

2. Se bate todo y se añade un poco de agua si se observa que la mezcla se torna demasiado espesa.

3. Se añade una pizca de nuez moscada y se bate de nuevo.

BANANA BREAD (BIZCOCHO DE PLÁTANO)

INGREDIENTES

- 175 G DE MANTEQUILLA SIN SAL

- 175 G DE AZÚCAR

  (LA MITAD DE AZÚCAR MASCABADO Y LA OTRA MITAD DE AZÚCAR RUBIO EXTRAFINO)

- 75 G DE AVELLANAS

- 2 HUEVOS

- 175 G DE HARINA CON LEVADURA

- 2 - 3 PLÁTANOS MUY MADUROS

- UNA PIZCA DE EXTRACTO DE VAINILLA

- UN POCO DE AZÚCAR MORENO

ELABORACIÓN

1. Se precalienta el horno a 170°C. Se coloca papel de horno en la base y los lados de un molde alargado de 20cm x 12cm.

2. Se baten la mantequilla y los dos tipos de azúcar hasta que la mezcla sea ligera y adquiera el color de café con leche.

3. Se tuestan las avellanas, se frotan con un trapo para retirar la piel y se muelen finamente.

4. Lentamente, se añaden los huevos a la mezcla de mantequilla y azúcar y se incorporan las avellanas tostadas y molidas y la harina con levadura.

5. Se pelan los plátanos y se cortan en trozos pequeños. Se incorpora el extracto de vainilla y los trozos de plátano en la masa del bizcocho, mezclando suavemente, con cuidado de no mezclar demasiado.

6. Se vierte la masa en el molde ya preparado para el horno. Se espolvorea con un poco de azúcar moreno y se hornea durante 60-70 minutos, cubriendo el bizcocho con papel de aluminio si la superficie empieza a oscurecerse demasiado rápido.

RECETA DE SARAH-SEAMUS MCCARTHY

TARTALETAS VOLCÁN DE MAMA LOTTIES

INGREDIENTES

- 225 G DE HARINA CON LEVADURA
- 110 G DE MANTEQUILLA
- 85 G DE AZÚCAR GLAS
- 30 G DE COCO DESECADO
- 55 G DE GUINDAS
- 1 HUEVO
- 3 CUCHARADAS DE LECHE ENTERA
- MERMELADA

Estas tartaletas desaparecerán en cuanto estén listas. Pequeñas, dulces y jugosas, son perfectas para tomar con una taza de té o café y, si tiene hijos, es divertido hacerlas con ellos, ya que pueden ayudar a darles forma y a untar la mermelada.

ELABORACIÓN

1. Se mezcla la harina con la mantequilla y se amasa hasta obtener una textura similar a la del pan rallado. Se añaden el azúcar, el coco y las guindas y se bate el huevo con la leche.

2. Se coloca la masa en la bandeja del horno en pequeños montones y se hace un agujero del tamaño del pulgar en el centro de cada uno de ellos para añadir la mermelada .

3. Se hornean a 200°C durante 20 - 25 minutos. Cuando estén listos, se dejan enfriar y se introduce una cucharada de mermelada en cada hendidura.

TARTA DE QUESO CON CHOCOLATE Y AVELLANAS DE MAMA LOTTIES

INGREDIENTES

- 1 PAQUETE PEQUEÑO DE GALLETAS DIGESTIVE

- 55 G DE MANTEQUILLA EN POMADA

- 200 G DE QUESO CREMA

- 150 ML DE NATA PARA MONTAR

- 6 CUCHARADITAS DE AZÚCAR

- 100 G DE CHOCOLATE CON AVELLANAS

- CHOCOLATE
  (PARA RALLAR POR ENCIMA)

La Navidad es la época en la que nos permitimos más excesos y esta tarta de queso es perfecta para esa época del año. Si es tan entusiasta del chocolate con avellanas como yo, tiene que probarlo.

ELABORACIÓN

1. Se machacan las galletas y se mezclan con la mantequilla.

2. Se presiona la mezcla en la base del molde y se deja reposar en la nevera mientras se prepara el relleno.

3. Se bate la nata hasta que espese y se añade el azúcar y el queso crema.

4. Cuando esté lista, se incorpora el chocolate con avellanas.

5. Se vierte sobre la base de galletas y se decora con chocolate rallado.

6. Se deja en la nevera durante al menos dos horas.

COQUITOS DE CHOCOLATE NEGRO DE MAMA LOTTIES

INGREDIENTES

- 250 G DE COCO DESECADO

- 400 G DE LECHE CONDENSADA

- 300 G DE CHOCOLATE NEGRO

CONSEJO

Untar ligeramente el plato con aceite para evitar que se peguen

ELABORACIÓN

1. Se mezcla el coco desecado con la leche condensada, incorporando la leche poco a poco, hasta que la mezcla adquiera una consistencia densa.

2. Se amasa la mezcla en forma de bolitas y se dejan reposar en la nevera toda la noche.

3. Se funde el chocolate. *(Yo prefiero hacerlo al baño maría).*

4. Se cubren las bolas de coco con el chocolate haciéndolas rodar y se colocan en un plato. Se dejan en la nevera para que se endurezcan.

Se pueden añadir nueces al chocolate antes de cubrir las bolas para darles un sabor diferente o decorarlas con virutas de coco.

DULCES TÍPICOS GIBRALTAREÑOS

PUDIN DE PAN

INGREDIENTES

- 14 REBANADAS DE PAN SIN CORTEZA
- 6 HUEVOS
- DOS SOBRES DE CARAMELO
- 410 G DE LECHE EVAPORADA
- AGUA
- 600 G DE AZÚCAR

ELABORACIÓN

1. Se empapa el pan en agua. Después de cinco minutos, se escurre el agua del pan y se mezcla con la leche.

2. Se mezcla el caramelo con agua —se calcula la cantidad del agua en el recipiente de la leche evaporada— y se añade a la mezcla. Se incorporan los huevos batidos y el azúcar a la mezcla.

3. Se vierte en un molde de horno y se hornea durante 85 minutos a 170°C .

RECETA DE LILLY ATTARD

BOLLOS DE HORNAZO DE MAMA LOTTIES
PAN DULCE DE ANÍS

INGREDIENTES

- 700 G DE HARINA CON LEVADURA
- 225 G DE MANTEQUILLA
- 225 G DE AZÚCAR
- 5 HUEVOS
- ANÍS
  (UN PUÑADO)
- LECHE

ELABORACIÓN

1. Mezclar la mantequilla y el azúcar hasta que todo este mezclado bien. Añadir un huevo a la vez hasta que todo se mezcle. Añadir el anís y la harina tamizada y mezclar hasta que esten capaces de cortar la masa en un medio limpio.

2. Divida todo esto en varias porciones y cubrir con leche o huevo y cocer en el horno a unos 200 °C durante 20 minutos.

MANTECADOS

INGREDIENTES

- 225 G DE MANTECA DE CERDO
- 225 G DE AZÚCAR GLAS
- UN TARRO DE 340 G DE CREMA DE CACAHUETE
- 225 G DE HARINA

ELABORACIÓN

1. Se precalienta el horno a 180°C durante aproximadamente 20 minutos .

2. Se calienta la manteca con el azúcar en el microondas para que se derrita y, a continuación, se añaden la crema de cacahuete y la harina.

3. Se amasa en forma de bolitas que después se aplanan ligeramente con el pulgar. Se hornean durante 15-20 minutos.

RECETA DE ROSEMARIE MAÑASCO

PANISSA DE MAMA LOTTIES

INGREDIENTES

- 225 G DE HARINA DE GARBANZOS
- 285 ML DE AGUA FRÍA
- SAL
- PIMIENTA

ELABORACIÓN

1. Se mezcla la harina con el agua y se deja reposar 2 horas. Se añaden la sal y la pimienta, se mezclan bien y se vierte la mezcla en una sartén hasta que hierva, removiendo todo el tiempo hasta que adquiera una consistencia espesa. Cuando esté lista, se divide en dos platos soperos y se deja enfriar

2. Cuando la mezcle esté fría, se corta en tiras anchas y se fríe hasta que se dore.

BORRACHUELOS DE MAMA LOTTIES

INGREDIENTES

- EL ZUMO DE 3 NARANJAS*

- 680 G DE HARINA CON LEVADURA

- 280 ML DE ACEITE

- 2 CUCHARADAS DE ANÍS

- 200 G DE AZÚCAR

- GOLDEN SYRUP
  (SEMEJANTE AL SIROPE DE CARAMELO)

- VIRUTAS DE COLORES PARA REPOSTERÍA

- BRANDY*

- VINO BLANCO*

- LICOR DE ANÍS SECO*

*LOS TRES INGREDIENTES MENCIONADOS ANTERIORMENTE Y EL ZUMO DE NARANJA DEBERÍAN TENER UN VOLUMEN DE 280ML EN TOTAL

ELABORACIÓN

1. En una sartén, se calienta el aceite; se retira del fuego y se añade el anís. Se deja enfriar, se añade el zumo de las naranjas, el brandy, el vino blanco y el licor de anís seco y se reserva la mezcla.

2. Se tamiza la harina, se coloca en un cuenco grande y se realiza una hendidura en el medio, donde se vierte la mezcla anterior y el azúcar para después mezclar todo con la harina hasta que se pueda amasar para formar una pasta..

(Cuando la masa no se pegue a los dedos y se pueda cortar por la mitad sin pegarse, está lista para freírse).

3. Se forman bolitas que se amasan en forma de dedo y se atan para formar un nudo. Una vez hechos los nudos, se calienta el aceite y se fríen. Se retiran y se colocan en papel de cocina para eliminar el exceso de aceite.

4. Se calienta un poco de sirope en una sartén y, cuando esté caliente y adquiera más fluidez, se retira del fuego y se añaden los borrachuelos en la sartén, 5 o 6 cada vez hasta cubrirlos completamente con el sirope. Se colocan en un cuenco o recipiente grande y se espolvorean las virutas de colores para su presentación.

ÍNDICE DE RECETAS

PASTA

VERDURAS Y LEGUMBRES

POSTRES
TARTAS Y PUDINES

DULCES TÍPICOS GIBRALTAREÑO

Made in the USA
Charleston, SC
04 April 2015